BLV aktiv + gesund

Hans H. Rhyner

MIT YOGA
im Gleichgewicht

Übungsprogramme zur Aktivierung und Entspannung

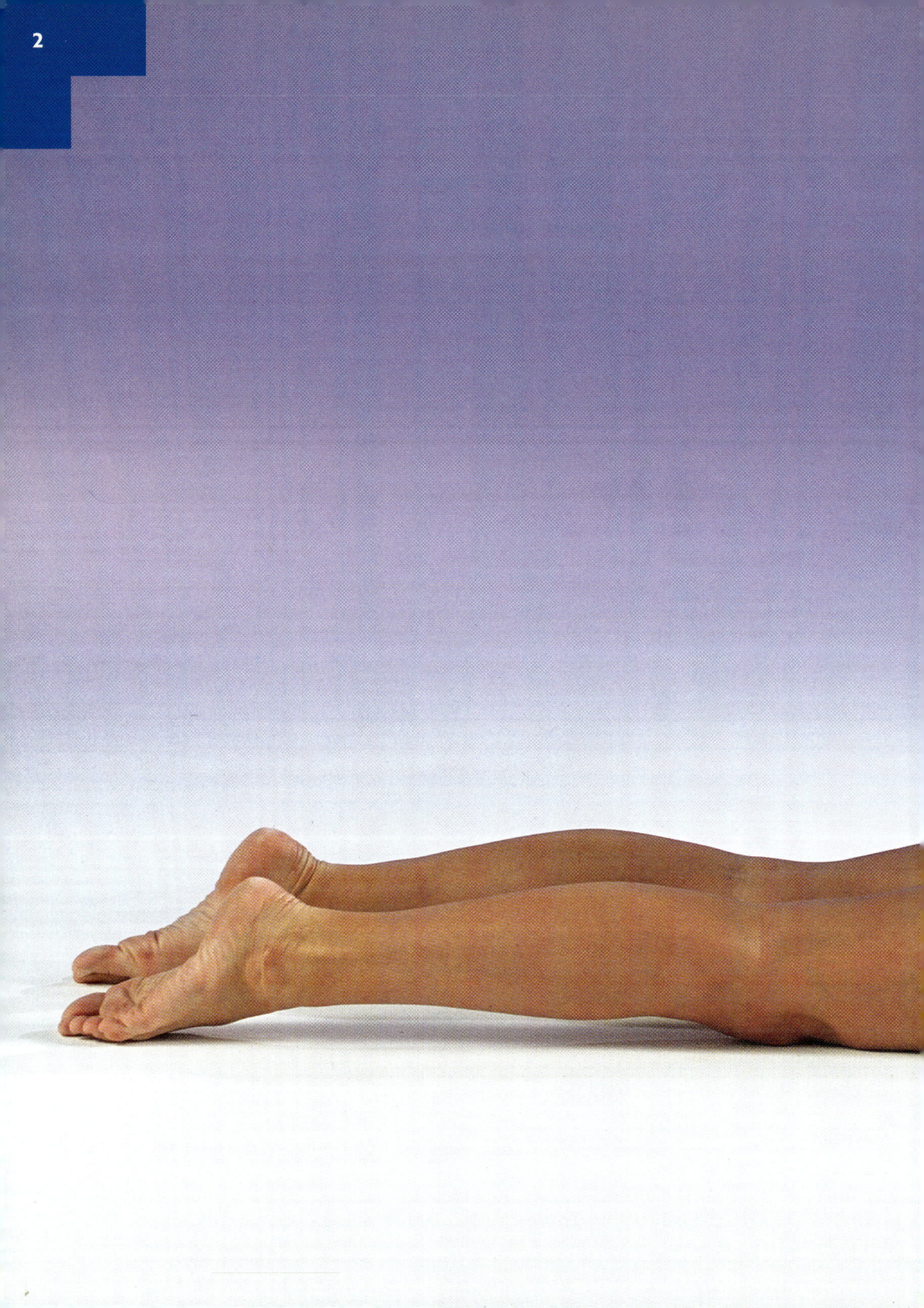

Die Deutsche Bibliothek –
CIP-Einheitsaufnahme

Ein Titeldatensatz für diese Publikation ist bei
Der Deutschen Bibliothek erhältlich.

Demonstration der Übungen:
Petra Wersching

Bildnachweis
Alle Fotos von Ulli Seer, außer:
Verena Eggmann: Seite 92
Hans H. Rhyner: Seite 9, 18, 21, 22

Satz & Layout: Atelier Steinbicker, München
Umschlaggestaltung: Atelier Steinbicker
Umschlagfoto: Ulli Seer
Lektorat: Edith Ch. Kiel
Herstellung: Manfred Sinicki

**BLV Verlagsgesellschaft mbH
München Wien Zürich
80797 München**

© BLV Verlagsgesellschaft mbH,
München 2001

Druck und Bindung: Passavia, Passau

Gedruckt auf chlorfrei gebleichtem Papier

Printed in Germany · ISBN 3-405-16137-1

Dr. Hans H. Rhyner
Der gebürtige Schweizer ist Arzt für
Naturheilkunde sowie Heilpraktiker und
praktiziert Ayurveda seit 18 Jahren. Der
Autor lebte 25 Jahre in Indien und stu-
dierte dort neben der jahrtausendealten
Gesundheitslehre Ayurveda indische
Philosophie, Sanskrit, Yoga, Vastu und
Siddha. Er leitete einige Jahre eine Ayur-
veda-Klinik in der Schweiz und gründete
im Jahre 1994 die SEVA Akademie, die
europäischen Studenten eine fundierte
Ayurveda-Ausbildung anbietet.
Hans H. Rhyner kann auf eine 25-jährige
Erfahrung als Yogalehrer zurückblicken
und kennt die heilende Wirkung der
Asana aus seiner Ayurveda-Praxis.
Der Autor ist Verfasser eines seit Jahren
erfolgreichen, allgemeinen Yogabuches.
Des Weiteren ist er Wegbereiter des
Themas Ayurveda; von ihm liegen ein
Buch für den allgemein Interessierten
sowie ein umfassendes Praxis-Handbuch
vor. Außerdem ist er Co-Autor eines
Werkes über Vastu, der indischen Lehre
vom gesunden Bauen.

Weitere Informationen:
dr.rhyner@bluewin.ch
www.ayurveda-institute.com

Inhalt

Vorwort   **6**

Was wir tun können, um gesund zu bleiben   **8**

Grundgedanken über das persönliche Wohlbefinden   10
Ayurveda: das jahrtausendealte Gesundheitssystem   11
Yoga: mehr als nur körperliche Bewegung   17
Funktionen von Soma, Psyche und Bewusstsein   22

Das ganze Gefühl   **24**

Kommen Sie optimal in den Tag hinein   **28**

Das Yogaprogramm für den frühen Morgen   28
Ratschlag für die Vata-Konstitution   52
Ratschlag für die Pitta-Konstitution   53
Ratschlag für die Kapha-Konstitution   53

Die große Zeit in den kleinen Pausen   **54**

Das Yogaprogramm für den Tag   54
Ratschlag für die Vata-Konstitution   62
Ratschlag für die Pitta-Konstitution   63
Ratschlag für die Kapha-Konstitution   64

Lernen Sie den Tag erfüllt zu beschließen   **66**

Das Yogaprogramm für den Abend   66
Ratschlag für die Vata-Konstitution   86
Ratschlag für die Pitta-Konstitution   88
Ratschlag für die Kapha-Konstitution   90

Die geeignete Ernährung   **92**

Alle Übungsprogramme auf einen Blick   **95**

Vorwort

»Was ist das für ein Yoga, das Sie lehren: Bhakti-Yoga, Raja-Yoga, Hatha-Yoga, Kundalini-Yoga, Karma-Yoga, Frauen-Yoga, Sankhya-Yoga, Marma-Yoga, Meier-Yoga, Yoga-Yoga oder was?« lautet die berechtigte Frage, wenn die Teilnehmer und Teilnehmerinnen einer Ayurveda-Kur zur ersten Yogastunde antreten. Eine Vielzahl von verwirrenden Begriffen, die ein Studium östlicher Philosophie notwendig machen. Ich mag die einfache Bezeichnung Yoga, das auf Deutsch Joch heißt und für Verbindung steht. Deshalb wird dieser Begriff in der Sanskritsprache so oft verwendet. Sogar in der ayurvedischen Heilmittelkunde steht Yoga für die ideale Verbindung, die entsteht, wenn die Summe der Wirkung einer Mischung höher ist als die der Ausgangsprodukte. Ich suche die Symbiose in mir selbst, meine eigene Ganzheitlichkeit, die in ihrer Summe, nämlich das, was Körper, Geist und Seele alleine anzubieten hätten, bei weitem übersteigt – jenseits meiner Vorstellungen.

Ist das nicht ein herrlicher Begriff, dieses Yoga? Dabei kommt man leicht ins Schwärmen. Dennoch: Abheben wollen wir nicht. Dazu eine liebgewonnene Anekdote: Eine Patientin kommt am siebten Tag ihrer Kur zu mir: »Lieber Freund, Sie haben mir ein wunderbares Geschenk gemacht. Gestern, als die Abendsonne den Horizont berührte, habe ich zum ersten Mal in meinem Leben einen Sonnenuntergang erlebt. Ja, ich bin schon 62 Jahre auf dieser Welt. Aber diesmal habe ich dieses Bild nicht nur mit meinen Augen erblickt, sondern mit jeder Zelle meines Körpers wahrgenommen und genießen können.« Das meine ich mit Yoga.

Die Versuchung, alten Wein in neuen Flaschen zu verkaufen, ist groß, und viele Menschen sind dieser Versuchung schon erlegen. Seinen nicht so bedeutenden Namen einem sehr bekannten Begriff davor- oder dahinterzustellen ist eine berauschende Möglichkeit. Aber wird der Wein damit besser oder interessanter?

Eine weitere Falle ist das Versinken in der Orthodoxie. Vor dreißig Jahren war ich fasziniert von der Einfachheit des islamischen Glaubens, wie er damals in Afghanistan praktiziert wurde. Nach seiner Politisierung blieb von diesem wunderbaren Land im Hindukusch nur ein blutiges Trümmerfeld übrig, und das ist noch lange nicht das Ende. Die Schüler sind oft eifriger als der Meister. Daher die Redewendung, jemand sei »katholischer als der Papst«.

Ein amerikanischer Gast, der mich in meinem Heim in Bombay besuchte, erzählte mir über sein erstes Zusammentreffen mit einem sehr berühmten Yogameister: Zu Hause in New York besuchte er ein Yogazentrum. Am Eingang hing eine lange Liste. Darauf waren Dinge notiert, die ein Besucher oder Schüler an diesem Ort unterlassen sollte – alles, was nur im Entferntesten berauscht, wie zum Beispiel Kaffee- oder Teetrinken.

»Und nun bin ich vor ein paar Tagen in einem kleinen Dorf in Südindien angekommen, wo ich den gleichen Meister treffe, dessen Schüler das Zentrum in New York eröffnete. Er schüttelt mir die Hand und sagt: ›Hey Mann, ich lade dich zu einem Tschai im Restaurant gegenüber ein!‹ Da sitzen wir dann in der Teestube und führen eine wunderbare Diskussion über Amerika, Indien und Gott, und ich denke im Hinterkopf: ›Eigentlich ist ja Teetrinken für Yogaleute streng verboten.‹«

Einer meiner Ayurveda-Professoren, Dr. P. S. Rai, war auch ein bekannter Yogameister und Mystiker. Er hatte einen dicken Bauch und verstand sich auf die Genüsse des Lebens. Sein Charakter und spirituelles Verständnis waren beispiellos. Er hat mich und viele junge Studenten gefördert wie kein anderer. Wir Europäer denken allzu oft, dass sich Spiritualität und Lebensfreude nicht miteinander vertragen. Dem ist nun überhaupt nicht so. Diesbezüglich leben wir im tiefsten Mittelalter. Diese Bleikugel an unserem Bein sollten wir endlich über Bord werfen.

Auf die Gefahr hin, dass dieser Titel wie mein letztes Yogabuch von konservativen Yogainstitutionen als völlig abwegig bezeichnet wird, möchte ich ein von Dogmen befreites Yoga präsentieren. In den letzten zwanzig Jahren haben viele Menschen, die bei mir zur Ayurveda-Kur oder Behandlung weilten, immens davon profitieren können. Vielleicht kommt es daher, dass ich bisher keinen Ashram, sondern Kliniken und Kurhäuser betrieben habe. Das bedeutet, die Menschen kommen wegen präventiver Maßnahmen oder gesundheitlicher Probleme zu mir. Es galt, Yoga dieser speziellen Situation anzupassen; es Menschen aller Altersgruppen zu vermitteln, die zum großen Teil noch nie eine Yogastunde mitgemacht hatten, geschweige denn ihren Fuß je in einen Ashram setzen würden. Hinzu kommen die verschiedensten körperlichen Einschränkungen. Im Vordergrund stand, möglichst einfach zu praktizierende Übungen auszusuchen oder zu entwickeln, die in ihrer Wirkung den konventionellen Asana (Yogahaltungen) in keiner Weise nachstehen. Das ist nicht nur legitim, sondern erwünscht: »Auf Grund der verschiedenen anatomischen Strukturen und der Krankheiten sind nicht alle Yogahaltungen für alle geeignet, und ein Lehrer sollte die Übungen der Notwendigkeit anpassen.«[1] Selbst eine der ältesten vedischen Schriften, die Tschandogya Upanischaden,[2] vertritt die Ansicht des progressiven Spiritualismus, denn das höchste Wissen kann nicht in einem einzigen Riesenschritt erlangt werden. Die Essenz des physischen Selbst besteht in seiner extremen Nähe zum Sinnesobjekt und der Möglichkeit, von seiner Intention Gebrauch zu machen. Das bedeutet, dass grundsätzlich jede Frau, jeder Mann und jedes Kind in der Lage sind, ihre Aufmerksamkeit von den Sinnesobjekten wegzunehmen und auf das wahre Selbst zu richten. Die Türen sollen immer offen bleiben, damit jeder für sich selbst entscheiden kann, wann sie oder er diesen Schritt machen möchte.

In diesem Sinne wünsche ich Ihnen, dass dieses Buch einen Beitrag zu Ihrem kompletten Wohlbefinden leisten kann.

---

1 Yogarahasya: Prakaranadhyayah, Sloka 31
2 Tschandogya Upanischaden: Sektion 12: Das Selbst als Spiritus

Was wir tun können, um gesund zu bleiben

Die Natur versucht ihr Bestes, um das psychosomatische Gleichgewicht zu erhalten. Doch ihr sind Grenzen gesetzt. Die Ziele, die wir uns setzen, müssen innerhalb dieser Grenzen liegen. Wir können sie erst erweitern, *nachdem* wir unsere körperlichen und psychischen Ressourcen vermehrt haben. Höchstleistung ist nur dann möglich, wenn sich die körperlichen und geistigen Kräfte im Spitzenzustand befinden. Eine drittklassige Behandlung unserer Selbst führt bald zu einem starken Ungleichgewicht zwischen dem tatsächlichen Kräftepotenzial und dem Energieverbrauch. Ist der Verbrauch höher als das Potenzial, so ist das selbstzerstörerisch. Wie können wir da Erfolg im Berufs- oder Privatleben erwarten? Menschen mit starkem Willen machen oft diesen Fehler. Selbst wenn alle Reserven aufgebraucht sind, kämpfen sie weiterhin gegen alle Vernunft und Warnsignale an: »Ich muss es schaffen – um jeden Preis« oder »Ich muss meinen inneren Schweinehund überwinden«, lautet das Motto dieser Leute oder moderner Trainer. So werden nicht nur athletische Spitzensportler krank. Immer wieder kann ich bei meinen Patienten die Krankheitsursache auf ein solches Fehlverhalten zurückführen. Es geht bei Yoga und Ayurveda, dem jahrtausendealten Gesundheitssystem, nicht darum, mit dem moralischen Zeigefinger zu drohen. Grundsätzlich ist alles erlaubt, was nicht selbstzerstörerisch wirkt. Die Grenzen können immer weiter gesteckt werden – aber erst nach getaner Arbeit! Bauen Sie zuerst Ihre körperlichen und emotionalen Kräfte kontinuierlich auf. Sie müssen nicht auf Eroberungszüge gehen, denn die Welt liegt Ihnen dann sowieso zu Füßen.

Nun werden die Herumsitzer denken: Aha, wir haben Recht mit unserem Müßiggang! Dem ist natürlich nicht so. Seine Kräfte nicht zu nutzen kann genauso schädlich sein wie das Übermaß: Starke körperliche Arbeit trainiert die körperlichen Strukturen in den meisten Fällen nicht gleichmäßig und kann deshalb nicht Übungen wie Yoga ersetzen. Das richtige Maß zu finden ist zwar eine durchaus komplexe Angelegenheit, aber in jedem Fall nachvollziehbar.

Wie kann dieses Ziel erreicht werden? Ein buddhistischer Mönch und berühmter Arzt hat vor über 2000 Jahren dazu diesen Ratschlag erteilt:

»Nur die Menschen, die sich ohne Unterbruch gesund ernähren und verhalten, die bei allem zwischen Gutem und Schlechtem unterscheiden und weise handeln, die nicht allzu sehr an die Sinnesobjekte angehaftet sind, die uneigennützige Gewohnheiten entwickeln, die alle als gleichwertig betrachten, die nur die Wahrheit sprechen und eine verzeihende Natur besitzen, werden frei von Krankheit.«

VAGBHATA: *Ashtanga Hridaya, Sutra Sthana*

In modernes Deutsch übertragen könnten wir sagen: Ohne Fleiß kein Preis. Es reicht nicht, nur ab und zu gesund zu speisen; Konstanz ist gefordert und das Tag für Tag. Beispiele für eine ungesunde Lebensweise sind ungenügender und unregelmäßiger Schlaf oder starkes Rauchen. Die meisten wissen, was gut und was schlecht für sie ist. Das Problem liegt darin, dass man sich nicht entsprechend verhält.

Was es bedeutet, zu stark an materielle oder Sinnesobjekte angehaftet zu sein, zeigt uns der Fisch. Er ist ganz gierig auf den Wurm, was sich der Fischer zu Nutze macht – der Fisch landet an der Angel! Materie ist gut, aber es gilt, nicht jedem Sinnesobjekt nachzugehen. Interessant ist der Zusammenhang zwischen ethischem Verhalten und Gesundheit. Unwahrheiten erschweren unseren sozialen Umgang und verursachen Stress, denn es ist unmöglich, sich an alle Lügen zu erinnern, die wir verschiedenen Menschen erzählt haben. Wir müssen immer mehr und neue Geschichten erfinden und fühlen uns immer schlechter dabei, was wiederum Einfluss auf unsere Befindlichkeit hat. Auch wenn wir nicht verzeihen können, bleibt stets ein dunkler Schatten über unseren Beziehungen und in unserem Herzen hängen, was es dann schier unmöglich macht, anderen jemals wieder vertrauen zu können.

Verachtung oder gar Rassismus ist, wenn wir nicht alle als ebenbürtig betrachten. Damit ist auch der Respekt vor dem Tier- und Pflanzenreich gemeint. Durch eine derartig verachtende Einstellung können Situationen entstehen, die auch unsere Gesundheit gefährden, wie wir durch leidvolle Erfahrung wissen. Jeder, der einmal einen Hamburger gegessen hat, zittert heute um sein Leben: Wann werden die BSE-Erreger in meinem Organismus zuschlagen? Eine Entfernung von den natürlichen Prinzipien ist immer mit Folgen belastet.

Weiter rät uns derselbe Experte, wirklich alles zu tun, was in unserer Macht steht, um gesund zu bleiben. Denn wenn wir erst einmal in die Hände der Ärzte geraten, ist es um uns geschehen. Unser ganzer Reichtum – unsere Gesundheit – geht verloren. Es war immer schon teuer, zum Arzt zu gehen, und so wird es auch in Zukunft bleiben.

Wie können wir beurteilen, ob eine kostspielige Behandlung sinnvoll ist oder

nicht und wie weit durch das eigene Fehlverhalten irreparable Schäden an den Organen entstanden sind? Wir können und dürfen nicht länger ignorieren, dass wir die Verantwortung und Initiative für unsere Gesundheit in die eigenen Hände nehmen müssen. Der Aufwand lohnt sich auf jeden Fall. Sie erhalten körperliche und psychische Widerstandskräfte sowie eine verbesserte Lebensqualität und gelangen in den Genuss, Ihre ganze Lebensspanne bei voller Vitalität zu erfahren.

Die Antwort auf die Frage, die zu Beginn dieses Kapitels gestellt wurde, nämlich wie viel ein Individuum dafür tun kann, um gesund zu werden und zu bleiben, lautet: In der Medizin beträgt der Beitrag des Patienten mindestens 25 %[1]. In der Prävention liegt dieser Beitrag viel höher, nämlich bei 90 %. Ich meine, das sind hervorragende Aussichten.

Symbol für die Glücksgöttin Lakshmi Devi: die Lotusblume. Im Yoga trägt eine Asana den Namen Lotussitz, weil die verschränkten Beine bei dieser Stellung den übereinander lappenden Blütenblättern ähneln.

1 Caraka Samhita, Sutra Sthana

Grundgedanken über das persönliche Wohlbefinden

Gesundheit entsteht durch das harmonische Zusammenwirken von Körper, Sinnesorganen, Psyche und Bewusstsein. Die menschliche Existenz hängt von diesen Faktoren ab, die ihrerseits extrem komplexe Strukturen bilden. Deshalb lautet der Ratschlag von Yoga und Ayurveda, sich immer zuerst als Ganzes zu erfühlen und sich nicht in der Komplexität zu verlieren. Der Mensch besteht zwar aus einer Vielzahl von Organen, die aus Millionen von Zellen und die wiederum aus Milliarden von Atomen und diese nochmals aus so vielen subatomaren Partikeln bestehen, dass einem alleine von dieser Vorstellung bange werden könnte. Aber kann man deshalb sagen: Ich bin dieses Organ oder jenes Partikel? Nein, so wenig, wie man das von seiner Psyche behaupten kann. Ich *habe* zwar einen bestimmten Gedanken oder eine Empfindung. Deshalb *bin* ich aber noch lange nicht dieser Gedanke oder diese Empfindung. Was die Sinnesorgane und deren Funktionen betrifft, so gilt das Gleiche: Ich *kann* zwar riechen und sehen, aber ich *bin* nicht das Riechen und Sehen. Wer also ist der mysteriöse Beobachter und Wahrnehmer, der dieses Ich-Gefühl hervorruft? Wir nennen es Bewusstsein, das wahre Selbst, die Antimaterie oder die Seele. Sich als Mensch zu fühlen entsteht aus dem faszinierenden Zusammenspiel von Materie und Bewusstsein.

Beim Lesen dieser Zeilen haben Sie Gedanken über ein existenzielles Thema angestellt. Das bedeutet, Sie haben philosophiert. Philosophie ist nicht etwas Abgehobenes oder nur etwas für so genannte kluge Leute. Philosophie ist für alle da, denn wir alle machen uns Gedanken über den Sinn des Lebens. Es ist gesund und fördert die eigene Kritikfähigkeit. Wenn wir das nicht tun, dann schieben wir unsere existenziellen Probleme vor uns her wie ein Schneepflug. Irgendwann wird die Last zu groß. Wir bleiben stecken und dies meist im ungünstigsten Moment.

Oft kommt es vor, dass intelligente und erfolgreiche Menschen in grundlegenden Lebensfragen völlig versagen. Wieso? Weil sie den gesunden Instinkt, die emotionale und spirituelle Intelligenz so lange unterdrückt und ignoriert haben. Die Praxen von Ganzheitsmedizinern und Psychologen werden überschwemmt mit Patienten oder deren Angehörigen, die urplötzlich aus dem normalen Alltag zu bizarren Weltanschauungen gewechselt oder durch Mitgliedschaft in sektiererischen Organisationen Realitätssinn und Differenzierungsvermögen verloren haben. Deshalb mein eindringlicher Rat: Setzen Sie sich täglich mit den grundlegenden Themen Ihres Lebens auseinander und üben Sie Ihre Kritikfähigkeit: Sitzt da eine giftige Schlange aufgerollt in der dunklen Ecke und wartet darauf, Sie zu attackieren, oder ist es lediglich ein harmloses Stück Tau? Wenn Sie nur *denken,* es ist eine gefährliche Schlange, dann erleiden Sie größte Ängste, völlig unabhängig davon, ob es sich wirklich um eine Schlange oder nur um ein Stück Tau handelt; das Leiden bleibt real! Die Leidensursache kann realer oder nicht realer Natur sein, und die Philosophie kann uns dabei helfen, Wirklichkeit und Fiktion voneinander zu trennen, Leiden, Stress und Ängste zu mindern sowie Betrügern das Handwerk zu legen.

Yoga und Ayurveda, diese beiden jahrtausendealten Gesundheitssysteme, dienen den Menschen seit jeher bei der Bewältigung ihrer existenziellen und gesundheitlichen Probleme. Eigentlich müsste man an dieser Stelle hinzufügen, dass jede gesundheitliche Störung natürlich auch ein existenzielles Problem ist und ein existenzielles ein gesundheitliches Problem, vorausgesetzt, man sieht den Menschen wie in der Ayurveda-Medizin als Einheit von Körper, Geist und Seele. Diese beiden Systeme sind etwa zur gleichen Zeit entstanden. Doch auch damals bedurfte es der handfesten Zweckdienlichkeit, um jemanden zum Praktizieren von Yoga zu bewegen. Natamuni, ein bekannter Yogameister der Antike, meinte, dass Yoga zwei Arten von Früchten trägt: den materiellen und den spirituellen Nutzen.[1] Weiter sagt er, dass die Menschen sich erst wirklich um den wahren Zweck von Yoga bemühen, wenn sie schon sehr bald einen Gewinn erfahren konnten, wie die Beseitigung von Krankheiten und das Mindern von Leiden im Allgemeinen. Der Hauptverdienst von Yoga sei jedoch ein fest verankerter Geist, Freiheit von sämtlichen Leiden, ein langes Leben und Hinwendung zum Allmächtigen.[2] Das sind hohe Ziele. Mit unserer Geburt in diese Welt erhalten wir aber alle das Recht, diese Ziele zu erreichen. Deshalb ist der Einsatz von Yoga zu gesundheitlichen Zwecken gerechtfertigt.

Ayurveda: das jahrtausendealte Gesundheitssystem

Das Bestreben von Ayurveda war schon immer, Krankheiten zu vermeiden und, wo dies nicht mehr möglich war, diese zu beseitigen! Das Besondere von Ayurveda ist, bei der Behandlung von Krankheiten stets auch die Konstitution eines Patienten zu berücksichtigen. Das kann zur Folge haben, dass verschiedene Menschen mit gleicher Erkrankung recht unterschiedlich behandelt werden. Dieses Vorgehen verspricht mehr Erfolg, als wenn nur die Krankheit oder vielleicht noch Körpergewicht, Geschlecht und Alter in Betracht gezogen würden.

Die individuellen Konstitutionen der Ayurveda beruhen auf der These der fünf Grundelemente Erde, Wasser, Feuer, Wind und Raum. Sowohl die Welt um uns herum wie auch die Innenwelt unseres Organismus besteht aus diesen Elementen oder Partikeln. Auf Grund ihrer spezifischen Eigenschaften lässt sich jede Substanz analysieren, indem sie mit den unterschiedlichen Eigenschaften der fünf Elemente verglichen wird. Wo wir vor allem Hitze und Umwandlungen beobachten können, ist das Feuer-Element vorherrschend. Wo Bewegung und Informationsaustausch stattfinden, wirkt das Wind-Element. So besitzt jedes der Elemente grundlegende Eigenschaften. Basierend auf der These der Grundelemente ist später das Konzept der drei Bioenergien Vata, Pitta und Kapha entstanden. Sie werden als krank machende Faktoren bezeichnet, da sie, wenn im Ungleichgewicht, gesundheitliche Störungen verursachen können.[3] Sind sie hingegen ausgeglichen, erhalten sie den gesunden Zustand und stärken das Immunsystem. Die Vorgehensweise zur Bestimmung der involvierten Bioenergien beim Krankheitsprozess oder bei der Bestimmung der Grundkonstitution bleibt gleich. Die Eigenschaften des gegenwärtigen Zustands oder der Symptome werden bestimmt und den entsprechenden Bioenergien (Dosha) zugeordnet. Die folgende Tabelle zeigt die Eigenschaften der drei Bioenergien, die Elemente, aus denen sie sich zusammensetzen, und deren normale Funktionen.

1 Yogarahasya: Prakaranadhyayah, Sloka 5
2 Yogarahasya: Prakaranadhyayah, Sloka 86
3 Caraka Samhita: Sutra Sthana, Kapitel 1, Vers 57

Charakteristiken und Funktionen der Grundelemente

Bioenergie (Dosha)	Vorherrschende Grundelemente	Charakteristiken	Normale Funktionen
Vata	Äther & Wind	• leicht, kalt, durchdringend, rau, flüchtig, trocken, nicht klebrig • ohne Farbe und Geschmack	Enthusiasmus, Einfallsreichtum, Artikulation, Bewegung, Bildung von Körpergewebe, Ausscheidung
Pitta	Feuer (& Wasser)	• heiß, beißend, flüssig, leicht fettig, sauer, scharf, beweglich, nicht klebrig • von roter, gelber und grüner Farbe	Intelligenz, Ausstrahlung, Glücksgefühl, Sehvermögen, guter Appetit, normaler Hunger, Durst, Körpertemperatur
Kapha	Wasser & Erde	• schwer, kühl, weich, fettig, süß, bewegungslos, klebrig, träge, schleimig • von weißer Farbe	Toleranz, Geduld, Großzügigkeit, Kraft, Ausdauer, Potenz, Fruchtbarkeit, Zusammenhalt, Schmierung (Gelenke, Schleimhäute)

Wieso sind die Charakteristiken (und Funktionen) der Elemente so wichtig? Sie machen verständlich, dass Zustände um uns herum, unsere Nahrung oder unsere Lebensführung die einzelnen Bioenergien verstärken oder abschwächen können. Wenn draußen beispielsweise ein heftiger kalter Wind tobt, dann wissen wir, dass dieses Wetter die Bioenergie Vata verstärken wird. Wärme hingegen wird der Vata-Konstitution gut tun. Eine heiße, nahrhafte (fette) Suppe wird erhöhtes Vata schnell besänftigen, denn die Eigenschaften dieser Speise sind denjenigen von Vata, nämlich trocken, kalt, rau und leicht, genau entgegengesetzt. Kaltes aber verstärkt diese Bioenergie und schadet ihr. Sie sehen, es ist wirklich einfach, mit Hilfe dieser Regeln einen Zustand zu bestimmen und dann das Richtige zu tun.

Sowohl in der Natur wie in unserem Körper vermischen sich die Eigenschaften der einzelnen Bioenergien. Trotzdem können wir ziemlich genau bestimmen, ob gerade eine oder zwei Bioenergien vorherrschen oder ob sie sich alle im Einklang befinden. Ein perfektes Gleichgewicht bedeutet nicht, dass sich die Bioenergien genau im gleichen Verhältnis zueinander befinden. Wenn das zuträfe, wäre diese Welt ein langweiliger Ort, denn jeder von uns wäre dem anderen gleich.

Die geringe Abweichung der Bioenergien in ihrem Verhältnis zueinander, welche in sich selbst keine krank machenden Faktoren produziert, macht unsere individuelle Konstitution aus. Sie besteht bereits bei unserer Geburt und begleitet uns durch das ganze Leben. Diese Konstitution gilt es zu erkennen.

Auf Grund dieses Wissens können wir dafür sorgen, dass wir unsere Ernährung und Verhaltensweise darauf einstellen.

Eine solche Vorgehensweise optimiert auch die Wirkung von Yogaübungen. Eine Kombination von Ayurveda mit Yoga verstärkt die positiven Auswirkungen und verbessert das Aufwand-Nutzen-Verhältnis beträchtlich. Das ist sehr wünschenswert, denn die Zeit läuft uns allen davon. Wenn wir mit weniger Aufwand Gleiches oder mehr als bisher erreichen können, dann haben wir einen zusätzlichen Anreiz, solche Übungen in unsere Tagesroutine einzuplanen.

Wie können Sie mehr über Ihre Grundkonstitution erfahren? Dazu finden Sie anschließend einen einfachen Fragebogen. Suchen Sie die Antworten in einer oder zwei Spalten aus, die am ehesten auf Sie zutreffen. Dabei sollten Sie Ihre Gewohnheiten längerfristig beurteilen. Wenn Sie zum Beispiel erst seit ein paar Tagen unter Durchfall leiden, sonst aber normalen, gut geformten Stuhl haben, sollten Sie nicht die Spalte mit Durchfall ankreuzen, sondern den Normalfall. Sind Sie unsicher, dann können Sie den Test wiederholen, wenn Sie völlig gesund sind. Addieren Sie zum Schluss die Antworten in den einzelnen Spalten.

Test zur Ermittlung des ayurvedischen Grundtypus

Fragen zu:	1	2	3
Körperbau	leicht, schlank, groß oder sehr klein	regelmäßige Formen, mittlerer Körperbau	gut entwickelt, eher breite Strukturen
Haut	trocken, kühl, Venen gut sichtbar	glatt, warm, rosa, häufig Akne, Sommersprossen	weich, feucht, kühl, hell
Haar	trocken, drahtig, nicht sehr dicht	fein, weich, früh grau, hoher Haaransatz	dick, weich, ölig, dicht, tiefer Haaransatz
Nägel	brüchig, schmal, unregelmäßig	dünn, weich, mittel, regelmäßig	dick, breit, regelmäßig
Augen	unstet, trocken, schmal	durchdringend, lichtempfindlich, mittel	stetig, feucht, groß, ruhig, glänzend
Zähne	unregelmäßig	regelmäßig, mittelgroß	regelmäßig, groß
Appetit	variabel	stark	mäßig
Speist am liebsten...	warm, süß, nahrhaft, Suppen, Gekochtes	nicht zu heiß, süß, ausgiebig, Rohkost	heiß, sauer, pikant

Bitte umblättern

Fragen zu:	1	2	3
Durstgefühl	mittel	stark	wenig
Stuhlgang	unregelmäßig, hart, nicht jeden Tag, Blähungen	ein- oder mehrmals pro Tag, weich, starker Geruch	regelmäßig, gut geformt, hell, etwas träge
Urin	leichte Gelb- oder Dunkelfärbung	gelb, starker Harngeruch	kaum Farbe oder milchig trüb
Schweiß	kaum	stark mit Geruchsbildung	oft kalter Schweiß, geringer Geruch
Schlaf	leicht, gestört, kommt mit wenig aus	mittel, nach Mitternacht	tief, lang, ungestört
Libido	stark schwankend	mittel, aber intensiv	stark und ausdauernd
Körpergewicht	gering	mittel	hoch
Auffassungsgabe	schnell	gut	langsam
Gedächtnis	gut (Kurzzeit)	mittel	sehr gut (Langzeit)
Nervosität	häufig	manchmal	kaum
Selbstbewusstsein	schwankend	gut	sehr gut
Toleriert schlecht...	kaltes und windiges Wetter	Hitze	feuchtkalte Witterung
Mentale Eigenschaften	begeisterungsfähig, sensibel, kreativ	temperamentvoll, kritisch, begabt	schwer aus der Ruhe zu bringen, tolerant
Resultat			

Auswertung

Es gibt sieben verschiedene Testresultate:
- drei singuläre Konstitutionen: Vata, Pitta, Kapha;
- drei duale Konstitutionen: Vata-Pitta, Pitta-Kapha, Vata-Kapha;
- eine Konstitution, bei der alle drei Bioenergien im gleichen Maß vorhanden sind: Tridosha.

Finden Sie nun heraus, welchem dieser sieben Typen Sie angehören, was die wichtigsten Stärken und Schwächen dieser Menschengruppen sind und welche Ratschläge Ihnen Ayurveda und Yoga erteilen:

Vata-Konstitution

Sie haben in Spalte 1 die größte Punktezahl, in Spalte 2 und 3 sind es deutlich weniger Punkte. Die Elemente Wind und Äther sind bei Ihnen ausgeprägt. Sie sind von feiner Struktur, sehr sensibel und begeisterungsfähig. Alle Eindrücke dieser Welt scheinen gleichzeitig auf Sie loszustürmen. Das führt dazu, dass Sie manchmal Probleme haben, sich selbst zu finden. Sie sind kreativ, lieben das Okkulte und verabscheuen die Kälte. So wie der Wind nie Ruhe findet, so sieht es auch in Ihrem Leben aus. Regelmäßigkeit und Kontinuität müssen fest in Ihrem Tagesablauf eingeplant sein, andernfalls besteht die Gefahr, dass Sie sich sehr rasch verzetteln.

Das ist vor allem wichtig beim Essen: Es sollte zu geregelten Zeiten und heiß eingenommen werden, nahrhaft sein und es muss genügend Flüssigkeitsanteile enthalten. Vermeiden Sie Nahrungsmittel, die Blähungen verursachen. Die Tendenz zur Verstopfung können Sie abwenden, indem Sie vor dem Schlafengehen eine Tasse heiße Milch mit einem Esslöffel Ghee (geklärte Butter) darin trinken. Achten Sie darauf, auch während des Tages genug warme Getränke zu sich zu nehmen. Kräutertees sollten mit etwas Milch und Rohzucker eingenommen werden.

Für Sie eignen sich Yogaübungen, die den Dickdarm anregen und gegen Hämorrhoiden vorbeugen. Meditative Übungen sind sehr wichtig, um den wandernden Geist kontrollieren zu können.

Pitta-Konstitution

Sie haben in Spalte 2 die größte Punktezahl, in Spalte 1 und 3 sind es deutlich weniger Punkte. Bei der Pitta-Konstitution herrschen das Feuer- und zu einem geringen Teil auch das Wasser-Element vor, denn unsere Verdauung findet in einem flüssigen Medium statt, was bedeutet, dass Feuer auch in flüssiger Form wirken kann. Sie sind ein Hitzkopf. Vor Konflikten scheuen Sie nicht zurück. Lieber schüren Sie das Feuer, denn nichts ist fader, als wenn es nicht funkt um Sie herum. Hitze mögen Sie nicht. Ihre Rhetorik ist bewundernswert. Sie sollten aber auch den anderen zuhören und berechtigte Kritik nicht als persönliche Kränkung empfinden. Sie sind praktisch veranlagt, unternehmungslustig und kritisch, oft auch zu kritisch mit sich selbst.

Ihre Nahrung darf nicht pikant, fett, erhitzend, sehr sauer oder zu salzig sein. Vermeiden Sie stark alkoholische Getränke. Wichtige Besprechungen und Treffen um die Mittagszeit, speziell vor dem Essen, kommen für Sie nicht in Frage – das geht nicht gut. Die italienische Küche mit viel Kohlenhydraten wie Pasta und bitteres Gemüse oder bittere Getränke sind ideal für Sie. Süßspeisen, die nicht zu fett sein dürfen, gehören täglich auf den Tisch. Im Gegensatz zu den anderen Konstitutionstypen vertragen Sie auch rohes Gemüse und Früchte. Achtung: Der Tendenz zur Übersäuerung müssen Sie gezielt entgegenwirken. Die Atemübungen im Yoga können die große Hitze in Ihrem Körper kühlen und die aggressiven Neigungen besänftigen.

Kapha-Konstitution

Sie haben in Spalte 3 die größte Punktezahl, in Spalte 1 und 2 sind es deutlich weniger Punkte. Dann sind Sie eine

Kapha-Konstitution, die aus dem Zusammenspiel des Wasser- und des Erde-Elements entsteht. Sie sind der Fels von Gibraltar. Ihr Chef liebt Sie und nutzt Ihre Belastungsfähigkeit voll aus, und Ihre Kollegen ärgern sich, dass Sie durch nichts aus der Ruhe zu bringen sind. Auf die Frage, welche Jahreszeit Ihnen denn am liebsten sei, lautet Ihre Antwort: alle. Dies spiegelt Ihre Toleranz sowohl gegenüber Hitze wie Kälte wider. Obwohl Sie Ihrer Ansicht nach nicht viel essen, kämpfen Sie ständig mit Gewichtsproblemen. Sie brauchen viel Bewegung, nicht nur körperlich, sondern auch im emotionalen Bereich. Überwinden Sie Ihre Lethargie und vermeiden Sie jeglichen Tagesschlaf. Sie sollten nur warme, pikant gewürzte und gekochte Speisen zu sich nehmen. Trinken Sie mäßig, aber regelmäßig heißes Wasser während des Tages. Zur Abwechslung können Sie darin etwas frischen Ingwer mitkochen oder anschließend frischen Zitronensaft und Honig dazugeben. Wichtig: Essen Sie nur, wenn Sie wirklich Hunger haben, und fördern Sie diesen Hunger mit einem appetitanregenden Aperitif.

Alle kurativen Übungen des Yoga sind sehr gut für Sie. Die Atemübungen sorgen für das fehlende Wind-Element und sind darum essentiell.

Vata-Pitta-Konstitution

Sie haben in Spalte 1 und 2 genau die gleiche Punktezahl oder nicht mehr als zwei Punkte Unterschied, in Spalte 3 haben Sie eine deutlich geringere Punktezahl. Bei der Vata-Pitta-Konstitution finden vor allem die Elemente Wind und Feuer zusammen. Was passiert, wenn Sie mit dem Blasebalg Luft ins Feuer pumpen? Es brennt lichterloh. Sie sind ein Mensch, der extrem intensiv lebt. Sie lieben es, alles zu geben – bis zur völligen Erschöpfung oder, noch schlimmer, bis Sie wirklich nicht mehr weiterkönnen. Das lodernde Feuer konsumiert alle Ihre Reserven. Deshalb müssen Sie unbedingt dafür sorgen, dass Ihnen rechtzeitig jede Menge Energienachschub zur Verfügung steht.

Sie sollten genügend essen und die Nahrung muss kräftespendend sein. Was Sie gar nicht vertragen, ist austrocknende Nahrung wie Getreideflocken, Toast, Knäckebrot oder scharfe Speisen und wenn Sie wieder einmal vergessen haben, genügend zu trinken. Besser als Kräutertees oder heißes Wasser sind nahrhafte Getränke wie Milch, Buttermilch, Lassi (ein Joghurtgetränk) oder Proteingetränke. Falls Sie kein Fleisch essen wollen, müssen Hülsenfrüchte wie Linsen, Bohnen oder Dal auf Ihren täglichen Speiseplan. Am besten bereiten Sie diese in Form von Suppen zu. Vata und Pitta sind beide trocken, nicht schleimig und recht leicht. Dem müssen Sie unbedingt entgegenwirken.

Gehen Sie auch mit Yoga nicht an Ihre Leistungsgrenze. Die meditativen Übungen helfen Ihnen, Ihr hitziges und sehr sensibles Gemüt zu beruhigen.

Noch ein Hinweis aus meiner Praxis: Menschen mit dieser Konstitution leiden öfter unter dem Burnout-Syndrom als andere.

Pitta-Kapha-Konstitution

Sie haben in Spalte 2 und 3 genau die gleiche Punktezahl oder nicht mehr als zwei Punkte Unterschied. Spalte 1 weist eine deutlich geringere Punktezahl auf. Mit der Pitta-Kapha-Konstitution finden vor allem die Elemente Feuer und Wasser zusammen. Das ist sehr praktisch, denn Sie haben die Feuerwehr immer dabei, so kann nichts anbrennen. Im Vertrauen auf Ihre robuste Konstitution und Ausdauer preschen Sie zuerst mutig vor, machen dann aber oft einen Rückzieher. Die Grenzen, wie viel Wasser das Feuer verträgt und wie viel Feuer das Wasser, sind sehr eng. Wenn Sie diese nicht zu oft oder zu weit überschreiten, kann Ihnen eigentlich nichts passieren.

Das Gleiche gilt beim Essen: Vermeiden Sie fette oder in Öl gebackene Speisen sowie schwere und üppige Mahlzeiten. Das Feuer ist schnell geschwächt und als Resultat nehmen Sie schnell zu. Angezeigt ist eine vielseitige Ernährung, die auch bittere Elemente, wie grünes Gemüse oder entsprechende Gewürze, enthält. Essen Sie unbedingt salzarm! Yoga ist Ihnen eine große Hilfe, um Ihr delikates körperliches und emotionales Gleichgewicht zu erhalten. Atemübungen sind äußerst wichtig, beinhalten sie doch das fehlende Wind-Element.

Vata-Kapha-Konstitution

Sie haben in Spalte 1 und 3 genau die gleiche Punktezahl oder nicht mehr als zwei Punkte Unterschied. In Spalte 2 haben Sie eine deutlich geringere Punktezahl. Bei dieser Vata-Kapha-Konstitution finden sich die großen Gegensätze der leichten Elemente Äther und Wind mit den schweren Elementen Wasser und Erde zusammen. Das sind groß und breit gebaute, athletische Menschen; Bewegung und Ausdauer gehen eine ideale Verbindung ein. Sie sind feinfühlig und sensibel, obwohl Ihnen das niemand ansieht, und entsprechend unerwartet für Ihr Umfeld fällt oft Ihre Reaktion aus. Sie müssen immer in Bewegung bleiben und Ihre Kräfte messen können.

Achtung: Vata und Kapha sind beides kalte Elemente! Sie brauchen die Wärme nicht nur, sie ist absolut lebensnotwendig. Nehmen Sie also nur warme Speisen und Getränke zu sich.

Geschmacklich kommen für Sie die Geschmacksrichtungen süß, sauer und salzig in Frage, und würzen Sie eher mild als zu scharf. Bei den Quantitäten müssen Sie allerdings auf Ihren Kapha-Anteil achten und sich zurücknehmen.

Yogaübungen, die mehr Kraftaufwand erfordern, sind ideal für Sie. Des Weiteren sollten Sie länger und öfter üben.

Tridosha-Konstitution

Sie haben in allen Spalten genau gleich viele Punkte oder höchstens einen Punkt Unterschied. Dann gehören Sie zu der recht selten anzutreffenden Tridosha-Konstitution. Diese Menschen sind sehr ausgeglichen und besitzen eine hohe Immunkraft.

Trotzdem ist es auch für Sie notwendig, einen ausgewogenen Lebensstil und eine ausgewogene Ernährung zu pflegen. Beim Essen kann dies erreicht werden, indem Sie darauf schauen, dass alle sechs Geschmacksrichtungen (süß, sauer, salzig, scharf, bitter, herb) enthalten sind.

Das harmonisierende Yoga wird auch Ihre Konstitution stärken. Auf einseitiges Üben reagieren Sie empfindlich und schnell.

Yoga: mehr als nur körperliche Bewegung

Die Bedeutung von Yoga innerhalb und außerhalb der vedischen Kultur kann wie folgt erklärt werden: Stellen Sie sich eine Welt vor, in der alle vedischen Schriften, einschließlich der Wissenschaften wie Ayurveda (Medizin), Physik, Chemie, Mathematik, Astronomie, Kampfkunst, Diplomatie, Poesie, Musik,

Tanz, Dramaturgie, Architektur, Kosmologie, Metaphysik und unzählige kulturelle Errungenschaften nicht mehr existieren. Lebte in dieser dunklen und geistig verarmten Welt ein Yogi, der den perfekten spirituellen Zustand erreicht hat, würde aus seinem Munde all dieses Wissen wieder fließen und neue Zivilisationen könnten daraus entstehen.

Wie ist so etwas möglich? Yoga wird von seinem Begründer Patanjali als »Kontrolle über das psychische Feld« definiert.[1] Dabei wird das volle Bewusstseinspotenzial aktiviert, das sich in drei Perfektionseigenschaften äußert:

- Vollkommenes Wissen,
- das Ruhen des wahren Selbst in seiner eigenen Natur und
- ein bewusstes Sein ohne Anfang und Ende.

Ein Yogi besitzt deshalb jederzeit Zugang zu allem Wissen. Es ist ja nicht so, dass Wissen allein durch unsere Bemühungen entsteht, so wie Amerika in seiner ganzen Vielfalt existierte, bevor es von Europäern entdeckt wurde. Ein schönes

Das Kuhgesicht: Diesen seltsam klingenden Namen trägt eine wichtige Yoga-Übung. Wie anmutig indische Kühe sind, zeigt dieses Bild. Anmut ohne Beweglichkeit ist kaum möglich – und das vermittelt diese Asana.

Beispiel in unserem Kulturkreis für dieses »Anzapfen« an das perfekte existierende Wissen ist Hildegard von Bingen, die ihre Visionen niederschreiben ließ. Solche Menschen hat es in allen bekannten Kulturen gegeben.

Was ich mit dem Gesagten ausdrücken möchte, ist die primäre Bedeutung von Yoga für die Gesellschaft als Ganzes wie auch für ein Individuum. Aber wir müssen nicht unser ganzes Leben dem Yoga widmen, um von diesem Schatz profitieren zu können. Selbst kleine Schritte bringen überraschende Resultate. Trotzdem sollen wir uns der hervorragenden Bedeutung von Yoga immer bewusst sein und es nicht als modische Gymnastikübung oder als fernöstliche Esoterik betrachten.

Noch ein paar Worte zum Begriff der Meditation und zu dem Objekt von Meditation in der klassischen Yoga-Literatur. Bei jedem Meditieren geht es um die Stabilisierung des mentalen Feldes. Dazu eignet sich jeder Prozess, durch welchen der Geist eine feste Stütze findet, und grundsätzlich jedes Objekt, auf welches die ganze Aufmerksamkeit fokussiert werden kann.[2] Das ist eine klare Aussage. Trotzdem streiten sich die Kommentatoren über die Interpretation dieses wohl unmissverständlichen Textes seit ein paar tausend Jahren. Menschen haben verschiedene Neigungen und deshalb kann auch das Objekt ihrer Meditation variieren. Naheliegend war immer eine Lichtquelle, wie der Mond, die auf- oder untergehende Sonne, eine Kerze oder ein imaginäres Licht. Andere meditieren über körperliche Organe wie das Herz, die Stirn, die Cakra (Energiezentren, sprich Tschakra), die Meridiane (innere Kanäle), einen Ton, eine Silbe, ein Mantra (Gebet) oder über ihre Vorstellung vom Absoluten. Das bedeutet, Sie können das Objekt Ihrer Meditation frei wählen.

1 Patanjali: Yoga Sutra 1.2
2 Patanjali: Yoga Sutra 1.39

Die acht Stufen des klassischen Yoga*

Sanskritname	Deutsche Entsprechung	Zweck
Yama	Ideales soziales Verhalten	Vermeidung von Konflikten mit dem sozialen Umfeld
Nyama	Ideales persönliches Verhalten	Psychosomatische Hygiene
Asana	Körperhaltungen, Sitz	Kontrolle des Körpers
Pranayama	Lebenskraft durch Atmen	Kontrolle der Atmung
Pratyahara	Sinne nach innen wenden	Kontrolle der Sinne
Dharana	Konzentration	Fähigkeit, sich auf ein Objekt zu fokussieren
Dhyana	Meditation	Meditation über ein gewähltes Objekt
Samadhi	Zustand der Perfektion	Herstellung einer Einheit mit dem Objekt und sich selbst und beliebig langes Erhalten dieser Einheit

* Yogarahasya: Prakaranadhyayah, Sloka 19–21

Das klassische Yoga-System besteht aus acht Stufen, welche den Übenden oder die Übende sicher ans Ziel bringen sollen. Die ersten beiden Stufen bilden eine Art von Vorqualifizierung, mit denen sich der oder die Praktizierende auseinander setzen soll, um dann in der Lage zu sein, die für ein bestimmtes Individuum passenden Asana (Yoga-Stellungen) zu üben.

Zugegeben, das sind hohe Vorgaben für ein sehr hohes Ziel. Darüber zu reflektieren lohnt sich auf jeden Fall für jeden, der Yoga praktiziert. Das wirkliche Leben besteht aus dem Weg der kleinen Schritte oder dem goldenen Weg der Mitte. Diese Mitte soll jeder für sich selbst finden und bestimmen. Obwohl Sie wahrscheinlich nicht die Erreichung von Samadhi als Ihr primäres Lebensziel

erklären wollen, entspricht dieser Weg der natürlichen Entwicklung menschlichen Bewusstseins.

Von wesentlicher Bedeutung sind für uns die Asana oder Körperhaltungen. Sie bestehen aus zwei Hauptgruppen: den meditativen und den kurativen Stellungen. Die ersteren sollen dem Praktizierenden dazu dienen, zu den höheren Stufen des Yoga vorzudringen.

Die kurativen Stellungen dienen, wie ihr Name schon aussagt, dem Heilen und Vorbeugen von Erkrankungen. Das war sehr wichtig für die damaligen Yogi. Zum einen wohnten sie oft in sehr entlegenen Gebieten ohne medizinische Versorgung. Zum anderen waren sie mittellose Mönche, die kein Geld für teure Medizin ausgeben konnten. Sie sehen, auch Menschen, die im Grunde mit dieser materiellen Welt nichts zu tun haben wollen, sorgen sich um das eigene Wohlbefinden, denn nur so können sie letztlich ihr Ziel erreichen. Leider kümmern sich heute viele Menschen, die eigentlich ausschließlich auf ein reibungsloses Funktionieren ihrer intellektuellen und körperlichen Fähigkeiten angewiesen sind, kaum um ihre Gesundheit. Erst wenn es zu spät ist, beklagen sie sich beim Doktor: »Wieso ist mir das nur passiert? Mir hat doch nie etwas gefehlt!«

Die heilende und vorbeugende Wirkung von Yoga bezieht sich sowohl auf körperliche wie auf psychische Leiden. In den vedischen Schriften spricht der bekannte Meister Parasara zu seinem Schüler Maitreya: »Wenn körperliche oder mentale Krankheiten in unserem Organismus vorherrschen, ist es unmöglich, unser Lebensziel zu erreichen.«[1] Patanjali bemerkt zu diesem Thema: »Sicher schenkt uns Yoga beides – materiellen wie auch spirituellen Nutzen.

Bitte bedenkt, dass die materiellen Dienlichkeiten nicht permanent sind, während uns die spirituellen erhalten bleiben.«[2]

Es gilt, das für uns ideale Gleichgewicht zu erhalten. Dazu können wir Körperhaltungen aus beiden Gruppen üben. Die meditativen Stellungen dienen dabei vor allem der Stärkung und Heilung des Geistes, während die kurativen für das Wohlbefinden des Körpers sorgen.

Die kurativen Körperhaltungen werden wiederum in verschiedene Gruppen unterteilt. Die wichtigste unter ihnen sind die Übungen für die Wirbelsäule. Ihnen müssen wir besondere Aufmerksamkeit schenken (siehe unten stehende Tabelle).

Die Wirbelsäule bildet den Grundpfeiler, auf der unsere menschliche Existenz gründet. Wenn in diesem Bereich alles optimal funktioniert, können wir davon ausgehen, dass Harmonie im ganzen Körper herrscht. Deshalb kommt dieser Gruppe besondere Bedeutung zu.

Kurative Asana

Gruppen	Zweck
Haltungen für die Wirbelsäule	Ausgleich und Stärkung der Wirbelsäule
Haltungen für die Extremitäten	Dehnung, Beweglichkeit von Armen und Beinen
Haltungen zur Reinigung der inneren Organe	Leber, Galle, Milz, Nieren und andere Organe im Bauchbereich sollen durch den Wechsel von Entspannung und Zusammendrücken wie ein schmutziger Schwamm von Toxinen gereinigt werden
Haltungen zur Umkehr der Blutzirkulation	Der Venenfluss wird umgekehrt, die Blutzirkulation im Kopf und im Halsbereich gefördert
Entspannungshaltungen	Lockern, entspannen und vorangegangene Übungen wirken lassen

1 Vishnu Purana: Amsa 6, Adhyaya 5
2 Yogarahasya: Prakaranadhyayah, Sloka 22

Die günstigste Zeit zum Meditieren und für Yoga ist frühmorgens, unmittelbar vor und nach dem Sonnenaufgang. Sicherlich gibt es dafür auch einen naturwissenschaftlich plausiblen Grund, wie zum Beispiel die ultraviolette Strahlung. Doch unsere persönlichen Empfindungen sprechen eine klare Sprache, wie bei diesem Bild vom Sonnenaufgang, der sich in einem Tempelfenster spiegelt.

Bei allen Übungsprogrammen muss darauf geachtet werden, dass die wichtigen Elemente der Wirbelsäulenübungen enthalten sind.

Die verschiedenen Arten, die Wirbelsäule zu stärken

1 Vertikales Strecken
2 Seitliches Beugen nach links
   Seitliches Beugen nach rechts
3 Beugen nach vorn
   Beugen nach hinten
4 Drehen nach links
   Drehen nach rechts

Zum Teil sind mehr als eines dieser Elemente in einer Übung enthalten. Einem Beugen nach vorn soll ein Rückwärtsbeugen folgen, einem seitlichen Strecken nach rechts ein Strecken nach links und einer Drehung nach rechts eine nach links.

Gleichmäßigkeit ist sehr wichtig, denn das Ziel ist, mit diesen Haltungen Ausgleich und Harmonie zu erreichen. Auch wenn wir während des Tages harte körperliche Arbeit verrichten, so ist diese Belastung meist unregelmäßig und einseitig, was zu einer falschen Körperhaltung führen kann. Deshalb ist ein Ausgleich dringend nötig. Umso mehr gilt dies auch für Personen mit sitzender Tätigkeit. Probleme mit der Hals- oder Lendenwirbelsäule sind typische Symptome für solche Berufsgruppen.

Die folgenden Übungsprogramme enthalten die für die entsprechende Situation idealen Elemente, um mit minimalem Aufwand einen maximalen Nutzen zu erzielen. Zudem enthalten sie Hin-

weise, wie sie Ihrer eigenen Grundkonstitution angepasst werden können.
Wenn Sie Schmerzen oder Unbehagen in einer Stellung empfinden, sollten Sie sogleich den Druck und die Intensität zurücknehmen. Wenn das nicht hilft, gehen Sie aus der Stellung heraus und lockern und entspannen Sie sich.
Ein moderates und regelmäßiges Üben ist immer besser als zu versuchen, verpasste oder ausgefallene Sitzungen mit langem und intensivem Üben zu kompensieren.

Funktionen von Soma, Psyche und Bewusstsein

Der Hotelbus des Seminarhauses trug in großen Buchstaben die Aufschrift: »Ihr Hotel für Körper, Geist und Seele.« Na bitte, da fährt der Bus in die Ewigkeit ab. Deplatziert finde ich es, wenn eine

Zigarettenmarke oder ein anderes Genussmittel ähnliche Formulierungen als Werbung benutzt. Solche Slogans sind heute beliebt, zeigen sie doch, dass sich die Gesellschaft mit dem Grundgedanken einer Einheit zwischen Körper, Geist und Seele befasst. Wenn es um die praktische Arbeit mit diesen Prinzipien geht, müssen wir ihre Funktionen jedoch genauer definieren.
Die körperlichen Funktionen sind auf Grund ihrer Greifbarkeit leicht zu erfassen. Essen, Schlafen, Fortpflanzung und Schutz sind die handfesten Aufgaben, die sie zu erfüllen haben. Um das zu ermöglichen, gilt es, die physiologischen Prozesse so zu kontrollieren, dass am Ende eines Tages geringfügig mehr oder mindestens gleich viel Energie zugeführt als verbraucht wurde. Wenn das nicht der Fall ist, verlieren wir an Substanz und Immunität. Was braucht der Körper, um seine Pflichten erfüllen zu können? Passende Nahrung, um das verlorengegangene Gewebe zu ersetzen und die Arbeitsprozesse möglich zu machen,

Zum Meditieren oder Üben bedarf es keiner großen Gebäude. Hier ein Meditationsplatz im ländlichen Indien. Wichtig beim Yoga sind unsere eigenen Instrumente: Körper, Psyche und Bewusstsein.

sowie Flüssigkeit und Sauerstoff, um den Zellstoffwechsel überhaupt zu ermöglichen. Dann braucht der Organismus auch genügend lange Regenerationsphasen und harmonisierende Maßnahmen.

Die Aufgaben der Psyche sind, die von den Sinnen aufgenommenen Eindrücke weiterzuleiten und zu verarbeiten. Deshalb wird in der Ayurveda die Psyche oft als sechster Sinn bezeichnet. Der Unterschied zu den Sinnesorganen liegt darin, dass die Psyche nicht nur Sinneseindrücke, sondern auch sich selbst beobachten kann und nicht nur die Gegenwart, sondern auch Vergangenheit und Zukunft wahrnimmt. Ein Supersinn, aber immer noch ein Sinnesorgan.

Diese Feststellung ist sehr wichtig, denn viele Menschen glauben, die Psyche sei etwas Antimaterielles, und verwechseln sie mit der Seele. Das zeigt der deutsche Sprachgebrauch, wo mit dem Wort Geist sowohl die Psyche wie auch die Seele gemeint sind. Wie die Neurophysiologen heute und Ayurveda-Ärzte seit tausenden von Jahren feststellen, sind Emotionen oder das Denken, Fühlen und Wollen nichts als neurophysiologische Prozesse oder biochemische Abläufe. Man weiß, welche Stoffe notwendig sind, damit ein junges Paar sich verliebt fühlt. Das ist ernüchternd, aber nicht weniger faszinierend, und fördert die Erkenntnis, dass wir uns wohl fühlen und denken, aber weder die Gefühle noch die Gedanken sind!

Dass unsere tägliche Ernährung direkt verantwortlich für die Bildung von Botenstoffen oder Glückshormonen ist, wissen viele, aber kaum jemand scheint dies realisiert und in den Ernährungsplan miteinbezogen zu haben. Yoga und Ayurveda benutzen das Konzept der drei Erscheinungsweisen Reinheit (Sattva), Leidenschaft (Rajas) und Trägheit (Tamas) dazu, um die Wirkung der Nahrung auf die Psyche zu definieren:

- Frische, nicht industriell veränderte, biologische Nahrungsmittel wie Früchte, Getreide, Honig oder Butter sind reich am Reinheitsprinzip und wirken positiv auf die mentale Gesundheit.
- Leidenschaftliche Nahrungsmittel wie Knoblauch, schwarzer Pfeffer, Linsen oder frisches Muskelfleisch erhitzen das Gemüt und sollten in Maßen genossen werden.
- Konservennahrung, Tiefkühlprodukte, gealterte oder fette Fleischprodukte sowie industrielle Nahrung gehören zur Erscheinungsform der Trägheit und wirken sich sehr negativ auf die Gesundheit der Psyche aus.

Alle Yogahaltungen, Yogaatmung sowie Meditation sind durchweg geeignet, die Psychoimmunität zu stärken.

Seien Sie nicht enttäuscht darüber, dass die Psyche materieller Natur ist, denn unser wirkliches Selbst, das, was alles beobachtet, jedoch selbst keinen direkten Einfluss übt, unsere Seele, steht über aller Materie. Sie wird nicht krank, hat keinen Anfang und kein Ende. Solange wir denken: »Ich bin dieser Körper oder diese Psyche«, können wir sie kaum wahrnehmen. Buddha soll einmal gesagt haben, dass der Grund, der uns in diese Welt geführt hat, die falsche Identifikation des Selbst mit der Psyche und dem Körper ist, sozusagen die Urkrankheit oder Erbsünde. Diese Krankheit gilt es zu korrigieren. Die Ischopanischaden, eine alte vedische Schrift, liefert das verständliche und wunderschöne Bild, »den Spiegel der Seele vom Staube zu reinigen«. Diese Funktion wird vor allem von den oberen vier Stufen des Yogasystems wahrgenommen: dem Nach-innen-Schauen (Pratyahara), der Konzentration (Dharana), der Meditation (Dhyana) und der Aufgabe aller falschen Ich-Werte (Samadhi).

Das ganze Gefühl

Genug der Theorie. Nun wollen wir bei einer meditativen Übung erlernen, dass wir mehr als nur unsere Gedanken sind. Wir haben Gedanken, Gefühle, Erinnerungen, Träume – aber wir sind sie nicht.

Je näher wir zu unserem eigenen Selbst vorstoßen, desto stärker fühlen wir die immensen Potenziale, welche die körperlichen oder mentalen Kräfte weit übersteigen.

Abb. 1

Abb. 2

➤ Stehen Sie kurz auf und strecken Sie sich wie nach einem langen guten Schlaf. Lockern Sie alle Ihre Glieder (Abb. 1).

➤ Drehen Sie sich nach links und nach rechts mit etwas Schwung, wobei Sie die Arme locker hängen und mitschwingen lassen (Abb. 2).

Abb. 3

➤ Jetzt setzen Sie sich wieder möglichst gerade hin – wenn es Ihnen gelingt, im Lotussitz –, mit aufrechter Wirbelsäule, und atmen Sie tief und stark dreimal hintereinander ein und aus (Abb. 3). Das war die Vorbereitung.

➤ Schließen Sie nun die Augen und entspannen Sie Ihre Gesichtsmuskulatur. Das gelingt am besten, wenn Sie leicht lächeln. Es ist das in sich selbst versunkene Lächeln eines Buddhas. Sie sind jetzt Buddha. Atmen Sie völlig frei durch die Nase. Kontrollieren Sie dieses Atmen nicht, denn sonst wird es verkrampft. Beobachten Sie nur. So, wie am Strand die Wellen hereinkommen und wieder ins Meer hinausfließen, sollte auch Ihre Atmung erfolgen: ein natürliches Ineinander-Übergehen von Ein- und Ausatmung.

➤ Wenn Ihre Atmung völlig ruhig und harmonisch geworden ist, verlassen Sie dieses Bild. Sie sitzen jetzt am Ufer eines Flusses unter einem großen Baum in einer wunderschönen Landschaft. Der Fluss stellt Ihre Gedanken und Empfindungen dar. Anfangs ist der Fluss sehr stark und unruhig. Sie hören etwas. Andere Sinneseindrücke und Wahrnehmungen wechseln sich schnell ab. Neue Gedanken entstehen. Es ist unmöglich, diese Gefühle einzudämmen oder zu blockieren. Der Damm wird brechen oder er wird von den Wogen einfach überflutet. Verschwenden Sie Ihre Energie nicht damit, Damm zu spielen. Akzeptieren Sie den Fluss, aber lassen Sie alle diese Gedanken an sich vorbeifließen, ohne in den Strom zu springen, um mit ihnen zu schwimmen oder sich in ihnen zu suhlen. Sie bleiben unter Ihrem Baum sitzen und beobachten, ohne zu werten. Sie negieren nichts, was aus Ihrem Gemüt hervorsprudelt, auch nicht die Sinneseindrücke, welche die Psyche meldet. Einfach fließen lassen, einfach zulassen. Bald werden die Gedanken und Eindrücke schwächer. Sie nehmen wahr, und nach geraumer Zeit wird es Ihnen immer klarer, dass Sie wohl all diese Gedanken haben, von ihnen wissen, aber von ihnen verschieden sind.

Auch wenn noch so viel Wasser diesen Fluss herunterströmt und die Wellen bedrohliche Ausmaße annehmen, wird es weiter flussabwärts fließen und, wenn außer Sicht oder spätestens im Ozean, seine Bedeutung verlieren – eine Bedeutung, die es eigentlich sowieso nie hatte. Die Wogen werden ruhiger. Sie nehmen sich selbst und die Welt um sich herum wahr, ohne zu werten. Sie spüren die Kraft und das Licht, das in Ihnen ruht und von Ihrem Innersten in die Welt hinausstrahlt.

Dies ist eine wunderbare meditative Übung, um uns wieder einmal vor Augen zu führen, was wirklich in uns steckt und unser Sein ausmacht – die Seele. Wenn die Seele eine Harmonie mit unserem Körpergeist bildet, kann uns wirklich nichts mehr passieren.

Kommen Sie optimal in den Tag hinein

Das Yogaprogramm für den frühen Morgen

Eine vorbildliche Lebensführung ist ein wichtiger Aspekt in der Präventivmedizin. Dabei rät uns Ayurveda, jeweils vor Sonnenaufgang aufzustehen. Aber der Tag sollte nicht mit einem gewaltsamen Hauruck oder einem »Muss ich denn schon wieder« beginnen, sondern mit einer positiven Ausrichtung, die uns aus der beliebten Opferrolle heraushilft. Das Erste, auf das Ihr Blick fällt, sollte nicht der Wecker oder grelles Licht sein, sondern jemand, den Sie sehr lieb haben, ein schönes Bild, ein Gegenstand, der Sie an etwas Wunderbares erinnert, ein Gedanke an Gott und dessen absolute Natur, oder schauen Sie einfach in Ihre Handflächen und betrachten Sie Ihr Leben. Springen Sie nicht einfach aus dem Bett. Überlegen Sie, was Sie mit diesem neuen und einzigartigen Tag Ihres Lebens anfangen möchten.

Nach dem Aufstehen folgt die Augenhygiene: Füllen Sie den Mund mit Wasser und waschen Sie die Augen mit kaltem Wasser gut aus. Nach Entleeren von Darm und Blase wenden Sie sich der Mundhygiene zu. Viele körperliche Abfallprodukte sammeln sich über Nacht im Mund-, Nebenhöhlen- und Rachenraum an und müssen eliminiert werden. Zähneputzen und Gurgeln helfen dabei nur bedingt. Wichtig ist es, den Belag von Zunge und Zungenwurzel zu entfernen. Das gelingt nur mit einem Zungenschaber. Wer einmal sieht, was sich selbst nach dem Zähneputzen und Mundspülen noch von der Zunge löst, wird von diesem wichtigen Instrument überzeugt sein.

Trinken Sie ein Glas reines Wasser mit Zimmertemperatur, wenn Sie Pitta in Ihrer Konstitution haben, oder warmes Wasser, wenn bei Ihnen Vata und Kapha im Vordergrund stehen, denn während des Schlafes verliert der Körper sehr viel Wasser, das erst einmal wieder ersetzt werden muss, damit Sie frisch und munter werden können. Wenn möglich, nehmen Sie eine kurze Dusche, denn auch auf der Hautoberfläche haben sich in der Nacht Schlacken angesammelt.

Jetzt sind Sie ideal vorbereitet für das Yogaprogramm am Morgen, das Ihnen jede Menge Kraft, Energie und Motivation schenken wird, um optimal für diesen Tag vorbereitet zu sein. Was immer Sie vorhaben, Sie haben die besten Voraussetzungen.

Weil Sie schon die ganze Nacht gelegen haben, beginnen wir mit Übungen im Stehen. So ist gewährleistet, dass Sie beim morgendlichen Yoga nicht wieder einschlafen. Ein weiterer Vorteil dieser stehenden Übungen ist, dass Sie sehr wenig Platz brauchen; sie können überall, auch unterwegs im Hotel, problemlos ausgeführt werden.

Übung 1: Palmenhaltung

Die Palme ist ein gutes Beispiel dafür, wie man sich gegen die Stürme des Lebens wappnen kann. Statt sich dem Orkan mit aller Kraft entgegenzustemmen, setzt sie auf ihre Elastizität und weicht damit den Sturmböen geschickt aus.

Auch wir müssen uns weich machen, darin liegt die Stärke. Wir müssen dem Feind nicht unsere Brust entgegenstrecken und ihm sagen »Hier ist mein Herz – Pfeile, durchbohrt mich!«. Nein, wir weichen ihnen geschickt aus, indem wir uns aus ihrem Weg beugen. Dazu brauchen wir eine elastische Wirbelsäule und genau dafür sorgt diese Übung. Andere Effekte sind die Korrektur einer schiefen Haltung, die Stärkung der Bandscheiben und der involvierten Stützmuskulatur, das Lösen von Spannungen im Brustwirbel- und Schulterbereich sowie ein besserer Fluss der Energien entlang der wichtigen Gefäße, Nerven und Meridiane der Wirbelsäule. Grundsätzlich gehört zu allen Yogaübungen der richtige Atemrhythmus. Bei der Palmenhaltung empfehle ich Ihnen, 4 Sekunden lang tief einzuatmen, wenn Sie in die Stellung gehen; den Atem 4 Sekunden anzuhalten, wenn Sie die Stellung halten, und in 4 Sekunden (keinesfalls schneller) auszuatmen, wenn Sie aus der Stellung kommen. Wir können davon ausgehen, dass diese Atmungsweise die Wirkung um ein Vielfaches verstärkt. Sie sollen ausschließlich durch die Nase und nicht durch den Mund ein- und ausatmen.

➤ Stellen Sie sich aufrecht hin, die Füße sind parallel und in einem Abstand voneinander, der Ihrer natürlichen Hüftanatomie entspricht (Abb. 4). Lockern Sie die Arme. Schließen Sie die Augen und besinnen Sie sich einen Moment lang auf die Abfolge dieser Übung. Atmen Sie vollständig aus.

➤ Mit dem tiefen und 4 Sekunden andauernden Einatmen heben Sie nun den rechten Arm über den Kopf, während Sie sich gleichzeitig auf die Zehenspitzen stellen (Abb. 5). Strecken Sie den Arm vom hinteren Brustwirbelbereich bis zu den Fingerspitzen vollkommen durch. Halten Sie die Stellung

und Ihren Atem für 4 Sekunden. Atmen Sie gleichmäßig während 4 Sekunden aus, nehmen Sie den Arm herunter und kommen Sie aus der Zehenhaltung.

Abb. 4

Abb. 5

Abb. 6

➤ Atmen Sie wieder rhythmisch ein und heben Sie nun den linken Arm empor (Abb. 6). Verbleiben Sie in der gestreckten Haltung für 4 Sekunden, nehmen Sie den Arm herunter, während Sie gleich lang ausatmen.

➤ Dann wechseln Sie wieder den Arm, bis Sie die Übung mit jedem Arm 3- bis 5-mal ausgeführt haben.

➤ Üben Sie dann nochmals 3- bis 5-mal, indem Sie beide Arme gleichzeitig hochstrecken (Abb. 7) und dabei auf die richtige Atmung achten.

➤ Lockern Sie anschließend alle Glieder und atmen Sie normal.

Abb. 7

Übung 2: Dreieckspose

Ein Großteil der Schäden an der Wirbelsäule, wie Bandscheibenvorfall, Ischias
oder Versteifungen, findet im Lendenwirbelbereich statt. Viele tragen »ein Kreuz
mit dem Kreuz«. In sitzenden Berufen
kommt das seitliche Beugen so gut wie
nie zum Einsatz. Dabei trainiert es auf
optimalste Weise Muskulatur wie Bandscheiben und zieht die Wirbel richtig
auseinander. Eine der angenehmsten
Nebenwirkungen dieser Haltung ist die
Eliminierung der seitlichen Fettpolster.
Weil aber auch innere Organe wie die
Leber und Nieren gedehnt werden,
befreit sie diese von Schlacken; eine
schönere Haut ist die Folge.
Auch diese Übung wollen wir mit der
richtigen Atmung durchführen. Der Vie-
rerrhythmus von 4 Sekunden Einatmen,
4 Sekunden mit angehaltenem Atem in
der Stellung verbleiben und 4 Sekunden
lang ausatmen kommt auch hier zur An-
wendung. Der Grund für das Anwinkeln
des oberen Arms ist, dass wir ihn als
Hebel benutzen wollen. So lässt sich
verhindern, dass wir uns nach vorn beugen, denn Ziel ist das ausschließliche
Beugen zur Seite. Ein Füllen der Lungen,
während Sie in die Stellung gehen, wird
somit möglich.
➤ Stehen Sie aufrecht, lockern Sie die
Glieder, schließen Sie die Augen und
visualisieren Sie die folgende Übung:
Stellen Sie die Füße parallel mit einem
Abstand von etwa 60–70 cm (Abb. 8).
Atmen Sie tief ein und dann langsam
aus. Drehen Sie den Kopf nach rechts,
atmen Sie auf 4 Sekunden ein, fahren
Sie mit der rechten Hand seitlich so
weit Sie können an Ihrem rechten Bein
hinunter (Abb. 9).
Üben Sie, falls notwendig, etwas Druck
nach hinten auf den linken Arm aus, um
sicherzustellen, dass Sie sich keinesfalls
vornüberbeugen. Bleiben Sie in dieser

Stellung, während Sie den Atem für
4 Sekunden anhalten, ohne sich zu verkrampfen. Atmen Sie auf 4 Sekunden
gleichmäßig aus und bringen Sie Ihren
Körper wieder in die senkrechte Stellung.

Abb. 8

Abb. 9

Abb. 10

➤ Direkt anschließend atmen Sie wieder auf 4 Sekunden ein, nachdem Sie den Kopf nach links gedreht haben, und fahren Sie, während Sie auf 4 Sekunden einatmen, mit der linken Hand das linke Bein hinunter (Abb. 10). Halten Sie den Atmen für 4 Sekunden. Lockern Sie Zwerchfell und Lungen, atmen Sie langsam aus und kommen wieder hoch.
➤ Wiederholen Sie den ganzen Ablauf auf jeder Seite 3- bis 5-mal.
➤ Zum Schluss lockern Sie wieder Ihre Glieder und lassen eine normale entspannte Atmung zu.

Übung 3: Vierbeiner

Als Nächstes gilt es, das Rückgrat nach vorn zu beugen. Größtes Hindernis dabei ist unser Bauch. Diese Übung ist für jeden geeignet und lässt sich selbst bei steifem Rücken ausführen, denn sie ist die einfachste dieser Gruppe. Durch die Kompression des Unterleibes verbessert sich die Blutzirkulation in der Leber, in der Milz sowie im Dünn- und Dickdarm, aber auch in der Analgegend. Deshalb ist das eine gute Übung bei Durchfall, Verstopfung und Hämorrhoiden. Weil der Kopf tiefer als der Rumpf liegt, verbessert diese Stellung auch die Zirkulation im Kopf und im Halsbereich. Sie ist eine empfehlenswerte Alternative zum Kopfstand, der die Halswirbel sehr stark belastet und vor allem für Hypertoniker ungeeignet ist. Deshalb ist auch bei dieser Übung beim Zurückgehen in die stehende Haltung große Vorsicht geboten. Die Schulter- und Rückenmuskulatur kann sehr schön gedehnt und entspannt werden.

Achtung bei der Yogaatmung: Wenn Sie sich nach vorn beugen, müssen Sie grundsätzlich immer ausatmen!

➤ Stellen Sie sich aufrecht hin, die Füße parallel und leicht auseinander. Lockern Sie Ihre Glieder, schließen Sie die Augen und entspannen Sie sich einen Moment lang. Füllen Sie Ihre Lungen bis zur vollen Kapazität in 4 Sekunden. Atmen Sie in 4 Sekunden gleichmäßig aus und beugen Sie sich so weit wie möglich nach vorn (Abb. 11). Legen Sie den Kopf etwas in den Nacken, damit Ihr Gesicht parallel zum Boden ist. Lockern Sie Hüfte, Schultern und Arme. Halten Sie die Knie unbedingt gestreckt. Sie können jetzt normal durch die Nase ein- und ausatmen. Bleiben Sie in dieser Stellung. Versuchen Sie mit den Fingerspitzen oder Händen den Boden zu berühren. Wenn das nicht möglich ist, lassen Sie die Hände einfach baumeln. Verbleiben Sie in dieser Haltung für 1 bis 3 Minuten.

➤ Kommen Sie sehr langsam aus der Stellung heraus, indem Sie Ihre Hände auf die Knie abstützen. Auf keinen Fall dürfen Sie in einem Ruck oder Schwung nach oben kommen!

➤ In der aufrechten Haltung angelangt, lockern Sie dann Ihre Glieder und atmen Sie völlig normal.

Abb. 11

Übung 4: Attacke

Abb. 12

Diese Übung stammt nicht aus dem Yoga, sondern aus der südindischen Kampfkunst Kalaripayatt. Ob bei einem Sumokämpfer oder einem Schweizer Schwinger, die Kraft muss an der Basis der Wirbelsäule sitzen. Dazu dient auch diese Übung. Ich habe sie adaptiert, um das Beugen der Wirbelsäule nach hinten unproblematisch üben zu können, denn bei vielen Yogaübungen dieser Gruppe besteht die Gefahr, dass der Übende nach hinten stürzt. Das ist hier kaum möglich. Die Haltung stärkt die Oberschenkel-, Bein- und Rückenmuskulatur und trainiert das Gleichgewicht. Werden Sie zur Kämpferin oder zum Kämpfer und nutzen Sie die Kraft Ihrer Mitte! Durch die breitbeinige Stellung spüren Sie die Energie der Erde und lernen sie in Ihrem Alltag einzusetzen.

➤ Stehen Sie aufrecht, schließen Sie die Augen und entspannen Sie sich. Stellen Sie Ihre Füße in einen rechten Winkel zueinander, wobei sich die Fersen berühren und der linke Fuß nach vorn zeigt (Abb. 12).

➤ Lassen Sie den rechten abgewinkelten Fuß am Ort und machen Sie mit dem linken Bein einen Riesenschritt nach vorn. Die Füße sind immer noch im rechten Winkel, wobei das hintere Bein völlig gestreckt bleiben muss (Abb. 13). Nach vorn schauend, legen Sie Ihre Hände in die Hüften und wippen leicht auf und ab, während Sie den Bauch nach vorn strecken, die Schultern möglichst zurücknehmen und ein Hohlkreuz machen. Je tiefer unten Sie die Stellung halten können, desto wirksamer.

➤ Legen Sie nun den Kopf in den Nacken, nehmen Sie die Hände über den Kopf und legen Sie die Handflächen ineinander, so wie zu einem Gebet (Abb. 14). Atmen Sie gut durch und versuchen Sie, $1/2$ – 2 Minuten so zu verbleiben.

Abb. 13

➤ Nehmen Sie die Hände langsam herunter und stemmen Sie diese wieder in die Hüften. Wippen Sie 2- oder 3-mal und machen Sie dann einen Schritt nach vorn. Stehen Sie aufrecht und lockern Sie Ihre Glieder.
➤ Jetzt probieren wir die gleiche Übung auf der Gegenseite, d. h. der rechte Fuß zeigt nach vorn und das ist auch die Richtung Ihrer Attacke. Möglichst tief

unten bleiben, das linke Knie unbedingt durchgestreckt halten, nach vorn schauen und die Hände zur Gebetshaltung wieder über den Kopf nehmen.
➤ Zum Schluss machen Sie einen Schritt nach vorn in die aufrechte Stellung. Gut durchatmen und lockern, bis die Atmung wieder normal ist.
➤ Wiederholung: 2- bis 3-mal zu beiden Seiten.

Abb. 14

Übung 5: Drehstand

Auch dies ist keine klassische Yogastellung, sondern adaptiert für die leichte Drehung der Wirbelsäule aus ihrer Basis. Der Drehstand ist die letzte der Übungen für die Wirbelsäule, und damit ist unser Programm der kurativen Yogaübungen komplett. Auch wenn Sie sehr wenig Zeit haben, tun Sie gut daran, wenigsten einmal jede dieser Übungen auszuführen. Das wäre dann das Minimalprogramm, das Sie zur Not auch in weniger als 10 Minuten schaffen; sie sind Ihre Lebensqualitätsversicherung. Yoga und Tantra (mystische Formeln, Lehren von Shiva) messen der starken Drehung des Rückgrats eine große Bedeutung zu. Einerseits hat an der Basis der Wirbelsäule das mächtigste Energiezentrum seinen Sitz, die Kundalini-Kraft, symbolisiert durch eine zusammengerollte Schlange. Andererseits befinden sich dort zwei andere wichtige Kraftorte: das Wurzel- und das Unterbauch-Cakra. Seit kurzem diskutieren Wissenschaftler über »Das Gehirn im Bauch«[1], denn es wurde festgestellt, dass sich dort mehr Nervenzellen befinden als im Gehirn. Für Yoga und Tantra ist das nichts Neues, denn die Übersetzung von Swadhisthana Cakra (Unterbauch- oder 2. Cakra) bedeutet »der Sitz des Bewusstseins«. Mit der folgenden Übung aktivieren wir diese beiden Cakra, welche sowohl die involvierten Organe wie auch die entsprechenden emotionalen Abläufe kontrollieren. Eine wunderbare Übung also, um die verschiedensten geschlechtlichen Störungen zu korrigieren und dieses System zu stärken.

➤ Stehen Sie aufrecht. Lockern Sie die Gelenke, schließen Sie die Augen und konzentrieren Sie sich auf den Unterbauch. Öffnen Sie die Augen, legen Sie die linke Hand in die Hüfte, heben Sie die rechte Hand wie zum Gruß, mit der Handfläche nach vorn gerichtet, und atmen Sie auf 4 Sekunden tief ein (Abb. 15).

Abb. 15

Abb. 16

Abb. 17

➤ Atmen Sie auf 4 Sekunden gleich-mäßig aus und drehen Sie sich aus der Hüfte heraus, aber auch mit dem Kopf, vollkommen nach links, legen Sie die bislang erhobene Hand auf die Schul-tern und drücken diese leicht zur Seite, so dass die Drehung noch verstärkt wird (Abb. 16). Verbleiben Sie 4 Sekun-den in dieser Stellung ohne Luft in den Lungen.

➤ Entspannen Sie die Atemmuskulatur, drehen Sie sich zurück in die Ausgangs-position, während Sie gleichmäßig ein-atmen. Unmittelbar anschließend be-ginnen Sie auf 4 Sekunden auszuatmen und drehen sich auf die Gegenseite (Abb. 17).

➤ Üben Sie dies 3- bis 5-mal auf jeder Seite.

➤ Danach üben Sie weiter, verbleiben aber in der Drehstellung, atmen normal durch die Nase. Sie können 1–3 Minu-ten in dieser Stellung bleiben, müssen aber unbedingt auch auf der Gegenseite genau gleich lang und intensiv üben.

➤ Zum Schluss lockern Sie Ihre Glieder und atmen normal.

Übung 6: Brustatmung

Bei normaler Atmung wirken zu etwa 75 % das Zwerchfell und zu 25 % der Brustkorb mit. Bei dieser Yogaatmung geht es darum, die Brustatmungskapazität zu stärken und zu erweitern. Dabei spielen die Beweglichkeit der Rückenwirbelgelenke und die Elastizität der Rippenknorpel eine tragende Rolle. Interessant ist aber auch der Zusammenhang zwischen einem gut gebauten Brustkorb und der Eigenschaft Mut. Im indischen Epos Ramayana ist der Affengott Hanuman mit seinem mächtigen Brustkorb auch der heldenhafteste aller Kämpfer, was ihn aber keineswegs daran hindert, ein weiches Herz zu haben.

Manchmal brauchen wir frühmorgens frischen Mut, um an einem sehr schwierigen Tag erfolgreich zu sein. Diese Übung wird Sie sicher dabei unterstützen. Wie alle Pranayama-Übungen verbessert sie nicht nur den Sauerstoffgehalt im Blut oder die Konzentrationsfähigkeit, sondern hilft, unsere Psyche zu festigen und zu kontrollieren. Das Leben wird einfacher, wenn wir Meister und nicht Sklaven unserer Sinnesorgane sind oder wenigstens mitbestimmen können.

➤ Stellen Sie sicher, dass die Atemluft im Raum, in dem Sie üben, frisch und rein ist. Stehen Sie aufrecht, schließen Sie die Augen und entspannen Sie sich. Stellen Sie sich darauf ein, dass Sie gleich frischen Mut und Kraft tanken werden. Legen Sie beide Handflächen seitlich an den unteren Teil des Brustkorbes, atmen Sie in 4 Sekunden tief und bis zur vollen Lungenkapazität ein, ziehen Sie dabei die Ellbogen etwas nach hinten und halten Sie den Atem für 4 Sekunden an, ohne sich zu verkrampfen (Abb. 18). Achten Sie darauf, dabei nicht Ihren Hals zu verschließen. Entspannen Sie Ihre gesamte Atemmuskulatur und

Abb. 18

beginnen Sie, langsam und auf 4 Sekunden völlig auszuatmen (Abb. 19).
➤ Wiederholen Sie diese Übung 2- bis maximal 4-mal. Lockern Sie anschließend die Arme und atmen Sie für einige Zeit völlig normal.

Übung 7: Leeren des Atems

Abb. 20

Diese Yogaatmung soll nur am frühen Morgen oder bei völlig leerem Magen ausgeführt werden. Sie verdient Ihre ganze Aufmerksamkeit. Ihr Nutzen ist entsprechend groß. Dazu gehören das Reinigen der Lungen und Atemwege von allen Schlacken und Toxinen, die Reinigung des Darmes, die Stimulation alle Bauchorgane, eine bessere Durchblutung des Afters und der Geschlechtsteile, das Beherrschen der sexuellen Energie und der Kundalini-Kraft, die Stärkung der Bauchmuskulatur. Darüber hinaus ist diese Übung bei schlaffem oder zu großem Bauch sowie zur Kontrolle der Psyche zu empfehlen, was für die anschließende Meditation von großem Vorteil ist.

➤ Stellen Sie sich aufrecht hin, nehmen Sie beide Arme in die Hüften, atmen Sie in 4 Sekunden tief und bis zur vollen Lungenkapazität ein. Atmen Sie in 4 Sekunden vollständig aus, wobei Sie sich etwas nach vorn beugen und die ganze Bauchmuskulatur nach innen zur Wirbelsäule hin pressen (Abb. 20).

➤ Gleichzeitig drücken Sie die Muskulatur zwischen Genitalien und Anus senkrecht nach oben. Das können Sie zu Anfang vielleicht nicht gleich spüren. Wichtig ist aber, dass Sie sich dies vorstellen und versuchen, Druck nach oben zu geben (Abb. 21). Sie sollten in dieser Haltung für 8 Sekunden ohne einzuatmen verbleiben, sich nicht verkrampfen und doch gleichzeitig mit aller mentalen und körperlichen Kraft, die Ihnen zur Verfügung steht, den Druck nach oben ausführen. Lockern Sie langsam Ihre Muskulatur und atmen Sie tief und gleichmäßig bis zur vollen Kapazität ein. Stehen Sie wieder völlig aufrecht und atmen Sie für eine $1/2$ Minute normal.

➤ Sie können diese Atemübung maximal 2-mal wiederholen. Der beeindru-

ckende Unterschied zwischen völliger Anspannung, Druck nach oben und hinten sowie dem gänzlichen Entspannen beim Einatmen ist extrem. Das Wahrnehmen dieser Polarität ist wichtiger Bestandteil der Übung.

Abb. 21

Übung 8: Morgen-meditation

Der frühe Morgen ist die beste Zeit zum Meditieren. Die Zeitqualität ist leicht, der Tag ist noch frisch und so auch das Gemüt. Die vorausgegangenen Übungen haben die Glieder gelockert, die Gefäße geöffnet und die Psyche gestärkt. Aus der Sicht der positiven Beeinflus-

Abb. 22

sung der psychosomatischen Immunisierung können meditative Übungen von immensem Nutzen sein. Sie verspüren eine unerschöpfliche Kraft um sich herum und in Ihnen! Diese Kraft hilft Ihnen, mit Rückschlägen und Krankheiten in Ihrem Leben viel besser fertig zu werden.

➤ Setzen Sie sich nun in Richtung aufgehende Sonne in den Schneider- oder Lotussitz (Abb. 22). Sie können auch mit ausgestreckten Beinen an der Wand lehnen oder auf einem Stuhl Platz nehmen. Voraussetzung ist, dass die Wirbelsäule senkrecht ausgerichtet ist und auf einer soliden Basis ruht. Nur so nämlich kann der Austausch von Nähr- und Botenstoffen zwischen Gehirn und Bauch stattfinden. Das gilt übrigens auch für Ihre berufliche Tätigkeit.

➤ Legen Sie die Hände mit den Handflächen nach oben zeigend so auf Ihre Knie oder Schenkel, wie es für Sie am bequemsten ist. Schließen Sie die Augen, entspannen Sie die Gesichtsmuskulatur, feuchten Sie kurz die Lippen an und lassen Sie sie ganz entspannt leicht geöffnet oder leicht geschlossen. Wählen Sie keinen bestimmten Atemrhythmus, sondern lassen Sie ein völlig natürliches Atmen zu.

➤ Wenn Sie von Ihrer Position aus die aufgehende Sonne sehen können, so beobachten Sie diese für einige Zeit und schließen dann die Augen. Falls das nicht möglich ist, stellen Sie sich einfach den Sonnenaufgang vor, wobei Sie die Augen geschlossen halten.

➤ Visualisieren Sie eine Straße aus Licht, die von der Sonne direkt in Ihr Herzcakra führt. Das Herzcakra liegt auf der Höhe des Herzens in der Mitte Ihres Brustkorbs. Auf dieser Straße strömt lichtvolle Energie von der Sonne her direkt in Ihr Herz. Beobachten Sie diesen herrlichen goldenen Strom. Beobachten Sie auch, wie sich dieser wär-

mende, Kraft spendende Strom zuerst spiralförmig und im Uhrzeigersinn im Herzcakra dreht und von dort aus in den ganzen Körper fließt. Vertrauen Sie Ihrer Körperintelligenz, welche diese Energien genau dort hinführen wird, wo sie am meisten gebraucht werden. Wenn Sie sich von dieser positiven Energie erfüllt fühlen, spüren Sie eine tiefe Dankbarkeit. Sie wünschen sich, diese Kraft weiterzugeben.

➤ Sie ändern den Fluss des leuchtenden Stroms. Jetzt fließt er von Ihrem Herzen zurück zur Sonne und zu allen Menschen, Tieren und Pflanzen.

➤ Nehmen Sie sich mindestens 8 bis 10 Minuten Zeit für diese Meditation. Sie können den Text oben oder etwas Ähnliches auch auf Band sprechen und während der Meditation abspielen, oder Sie merken sich ihn einfach. Der Abschluss sollte sanft und nicht abrupt erfolgen. Falten Sie die Hände vor Ihrer Brust und senken Sie den Kopf etwas, wie zur Respektbezeugung. Öffnen Sie dann erst die Augen, lockern Sie die Glieder und stehen Sie langsam auf.

Nach einem warmen, kräftigenden Frühstück sind Sie bestens vorbereitet für diesen Tag. Wenn diese Übungsfolge während der Woche nicht einzuplanen ist, dann reservieren Sie wenigstens einen Morgen am Wochenende für dieses Programm. Das Resultat wird überwältigend sein, und vielleicht lassen Sie sich dann doch davon überzeugen, diese Übungen auch an einem anderen Tag einzubauen.

Falls das unmöglich ist, wählen Sie an solchen »eiligen« Tagen folgendes Kurzprogramm:

Kurzversion für eilige Tage: Sonnengruß

Diese Übung setzt sich aus verschiedenen Stellungen zusammen und wird in direkter Abfolge ausgeführt. Dabei wird die Wirbelsäule gestreckt sowie nach vorn und nach hinten gebeugt. Ideal ist, wenn Sie sich auch an die Vorgaben der entsprechenden Atmung halten können.
➤ Stellen Sie sich aufrecht und mit dem Gesicht nach Osten hin. Falten Sie Ihre Hände vor der Brust zum Gruß. Atmen Sie tief aus (Abb. 23).
➤ Atmen Sie ein und heben Sie die noch immer gefalteten Hände ganz nach hinten, über den Kopf, während Sie auch das Kreuz so stark wie möglich beugen (Abb. 24).

Abb. 24

Abb. 23

➤ Atmen Sie aus und kommen Sie wieder nach vorn, bis Sie die Zehen berühren (Abb. 25). Beugen Sie sich so weit, wie Sie derzeit können.

Abb. 25

Abb. 26

Abb. 27

➤ Atmen Sie ein und ziehen Sie das rechte Bein ganz nach hinten. Der linke Fuß bleibt bei den Händen (Abb. 26).
➤ Atmen Sie aus und nehmen Sie nun auch das linke Bein nach hinten, so dass Sie in der Liegestütze sind (Abb. 27).
➤ Am Ende des Ausatmens legen Sie sich flach auf den Boden (Abb. 28).

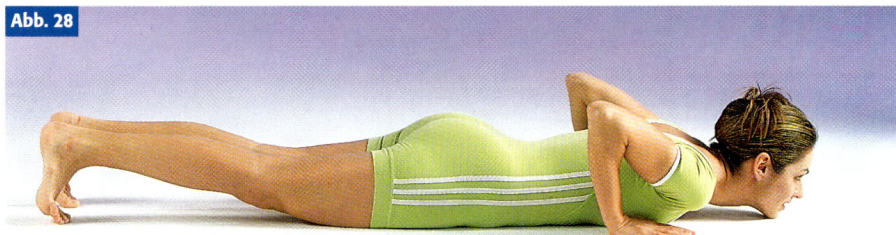

Abb. 28

Abb. 29

Abb. 30

Abb. 31

Abb. 32

Abb. 33

Abb. 34

aus und machen Sie einen mächtigen Katzenbuckel (Abb. 30).

➤ Atmen Sie ein und nehmen Sie den rechten Fuß nach vorn neben die rechte Hand (Abb. 31).

➤ Atmen Sie aus und holen Sie den linken Fuß nach vorn. Strecken Sie die Knie durch (Abb. 32).

➤ Atmen Sie ein, nehmen Sie die gefalteten Hände wieder hinter den Kopf und beugen Sie Ihr Rückgrat so weit es geht nach hinten (Abb. 33).

➤ Atmen Sie aus und bringen Sie die Arme nach vorn in die Ausgangsstellung (Abb. 34).

Sie sollten diese Übung paarweise durchführen. D. h. einmal stellen Sie wie vorher das rechte Bein zuerst zurück und holen es dann auch wieder nach vorn. Bei der zweiten Sequenz tun Sie das Gleiche mit dem linken Bein.

➤ Legen Sie die Fußrücken ab. Beginnen Sie einzuatmen, strecken Sie die Arme durch und legen Sie den Kopf in den Nacken (Abb. 29).

➤ Stellen Sie sich mit der ganzen Fußsohle wieder auf den Boden, atmen Sie

Ratschlag für die Vata-Konstitution

Sie sollten sich nach den ersten beiden stehenden Übungen (Palmenhaltung, S. 28; Dreieckspose, S. 32) hinsetzen, etwas ausruhen und die nächste Übung sitzend ausführen und zwar wie folgt:

Beugen der Wirbelsäule nach vorn

➤ Setzen Sie sich mit seitlich ausgestreckten Beinen auf den Boden. Legen Sie den linken Fuß an die Innenseite des rechten Oberschenkels (Abb. 35).
➤ Atmen Sie tief ein. Atmen Sie aus und beugen Sie sich so weit wie möglich nach vorn und mit dem Kopf auf oder in Richtung Knie. Verbleiben Sie in dieser Haltung für 1–2 Minuten und atmen Sie normal (Abb. 36).
➤ Atmen Sie ein und kommen Sie hoch. Legen Sie nun die rechte Fußsohle an die Innenseite des linken Oberschenkels. Atmen Sie tief ein. Atmen Sie vollständig aus und beugen Sie sich nach vorn und unten. Verbleiben Sie auch in dieser Stellung für 1–2 Minuten und atmen Sie normal.
Gönnen Sie sich auch eine Pause nach der Attacke-Übung (Übung 4, S. 36).

Abb. 35

Abb. 36

Passen Sie generell auf, dass Sie sich nicht überanstrengen oder Ihrem Hang nachgeben, mehr zu tun, als gut für Sie ist. Sehr wichtig für Sie ist die meditative Haltung (s. S. 46). Damit kann Ihr hochsensibles Gemüt gestärkt und besänftigt werden. Die Rippenatmung verleiht Ihrer Schüchternheit frischen Mut und kann intensiver geübt werden.

Ratschlag für die Pitta-Konstitution

Diejenigen Übungen, welche die Leber reinigen und stärken wie Dreieckspose (Übung 2, S. 32), Vierbeiner (Übung 3, S. 35) und Leeren des Atems (Übung 7, S. 44) sind besonders gut für Sie und können deshalb intensiver ausgeführt werden. Geduld ist nicht gerade Ihre starke Eigenschaft, und deshalb müssen Sie sich besondere Mühe geben, das Programm auch durchzuziehen. Denken Sie daran: Auch die beste Kämpferin oder der beste Kämpfer müssen einmal auftanken und ihre Rüstung in Stand setzen. Die Meditation (Übung 8, S. 46) ist für Sie sehr wichtig, kühlt sie doch Ihr hitziges Gemüt.

Ratschlag für die Kapha-Konstitution

Wahrscheinlich ist es sehr schwierig für Sie, sich am frühen Morgen für körperliche und geistige Übungen aufzuraffen. »Eine Stunde extra Schlaf bringt doch viel mehr.« Dem ist leider nicht so. Wenn Sie sich einmal überwunden haben, das warme Bett gegen morgendliche Yogaübungen zu tauschen, dann finden Sie auch Gefallen daran. Der Kapha-Konstitution fehlen die leichten Elemente wie Wind und Feuer. Deshalb sind für Sie die Atemübungen (Brustatmung, S. 42, und Leeren des Atems, S. 44) sowie die Atemempfehlungen für die jeweiligen Übungen sehr wichtig. Da die meisten Übungen in diesem Programm stehend ausgeführt werden oder Bewegung beinhalten, ist es für Kapha sehr empfehlenswert.

Die große Zeit in den kleinen Pausen

Das Yogaprogramm für den Tag

Selbst beim anstrengendsten Job gibt es Zeitspannen, die Sie für Yoga nutzen können. Falls das wirklich nicht der Fall ist, dann ist es an der Zeit, sich diese Freiräume zu schaffen. Der Regenerationseffekt solcher Praktiken ist um ein Vielfaches höher als eventuelle Ruhepausen. Während meiner anspruchsvollen Ayurveda-Fachausbildung mache ich in den Nachmittagsstunden mit meinen Studenten 10 Minuten Yoga. Die Ermüdungsquote wird dadurch drastisch gesenkt, was sowohl für die Teilnehmer wie für die Dozenten gut ist, erhöhen sich doch Wachheit und Konzentrationsfähigkeit.

Die folgenden Übungen können Sie am Arbeitsplatz oder unterwegs ausführen. Lüften Sie vorher den Raum gut durch. Falls Sie spüren, dass Ihre Umgebung auch energetisch belastet ist – sei es durch die vielen fremden Passanten oder sei es durch eventuelle Missgunst der Kollegen –, dann räuchern Sie den Raum einmal richtig aus! Es gibt heute eine große Auswahl an schönen Duftlampen, Räucherwerk und Kerzen für diesen Zweck. Auch ein frischer farbiger Blumenstrauß, ein Bund getrockneter Kräuter, eine kleine Pyramide oder die leisen sanften Schwingungen einer Klangschale tragen zu einer guten Atmosphäre in Ihrem Büro bei. Aber bitte keine Chemie! Sie strahlt sicher keine positive Energie ab und ist eher eine Belastung. Werden Sie zur Bürohexe

oder zum Betriebsdruiden. Sie werden überrascht sein, wie gut das alles von Ihrem Umfeld aufgenommen wird.

Die folgenden fünf Übungen bewegen die Wirbelsäule in alle Richtungen. Sie sind die Grundpfeiler Ihres Tagesprogramms und müssen symmetrisch praktiziert werden. Beenden Sie daher nicht abrupt dieses Programm, sondern führen Sie bei Übungspaaren wenigstens die Gegenübung einmal aus. Das bedeutet, wenn Sie eine Haltung ausführen, bei der Sie sich vornüber beugen, dann müssen Sie den Ausgleich schaffen und sich ähnlich stark nach hinten beugen. Auch hier gilt die Regel: Üben Sie nicht direkt nach dem Essen oder ohne vorher Darm und Blase entleert zu haben.

Übung 1: Strecken

Zuerst sollen Sie sich strecken, so weit es nur geht, um den Körper aus seiner Lethargie herauszuziehen.

➤ Stehen Sie aufrecht, wenn möglich ohne Schuhe. Umfassen Sie bei hochgestreckten Armen das rechte Handgelenk mit der linken Hand (Abb. 37).

➤ Atmen Sie tief und 4 Sekunden lang ein. Strecken Sie die Arme so stark wie möglich senkrecht nach oben und ziehen Sie mit der linken Hand die rechte noch höher. Stellen Sie sich dabei auf die Zehenspitzen (Abb. 38). Verbleiben Sie in dieser Haltung für 8 Sekunden.

➤ Lockern Sie den Griff und Druck nach oben, leeren Sie die Lungen in 4 Sekunden. Nehmen Sie die Arme herunter. Lassen Sie die Arme locker an Ihrer Seite hängen. Atmen Sie normal.

➤ Wiederholen Sie die Übung 4- bis 5-mal.

Abb. 37

Abb. 38

Übung 2: Seitliches Beugen

Jetzt können Sie dafür sorgen, dass die
Bandscheiben und Wirbel wieder an
ihren angestammten Platz kommen.
Manchmal nenne ich sie auch die Klick-
Klick-Stellung, denn aus dem Teilneh-
merkreis folgt beim ersten Nach-unten-
Gehen ein Reigen von Klicks der Len-
denwirbel.

Abb. 40

Abb. 39

Abb. 41

➤ Stellen Sie sich aufrecht hin, die Beine stehen etwa 40–60 cm auseinander. Strecken Sie den rechten Arm senkrecht in die Höhe (Abb. 39). Atmen Sie in 4 Sekunden aus.

➤ Atmen Sie in 4 Sekunden ein und beugen Sie sich so weit wie möglich nach links. Halten Sie die Knie unbedingt gestreckt und beugen Sie sich auf keinen Fall nach vorn, sondern nur zur Seite. Bleiben Sie in der maximalen seitlichen Beugung für 4 Sekunden (Abb. 40).

➤ Dann können Sie wieder (auf 4 Sekunden) einatmen und in die vertikale Ausgangsstellung zurückkehren.

➤ Nehmen Sie nun den rechten Arm herunter und den linken Arm hoch (Abb. 41). Atmen Sie auf 4 Sekunden tief ein und beugen Sie sich seitlich so tief wie möglich nach rechts (Abb. 42). Bleiben Sie für 4 Sekunden in dieser Haltung. Atmen Sie auf 4 Sekunden aus und kommen Sie wieder hoch.

➤ Wiederholen Sie die Übung 3- bis 4-mal auf jeder Seite.

Abb. 42

Übung 3: Knie-Stirn-Haltung

Diese Übung sorgt für ein intensives Beugen des Rückens nach vorn sowie für eine bessere Blutzirkulation im Kopfbereich.

➤ Spreizen Sie die Beine 40–60 cm und überprüfen Sie Ihren festen Stand, so dass Sie nicht rutschen. Atmen Sie 4 Sekunden tief ein. Atmen Sie 4 Sekunden aus und fahren Sie mit den Händen bis zur rechten Ferse hinunter. Legen Sie den Kopf ans Knie oder so nahe, wie es Ihnen möglich ist (Abb. 43). Verbleiben

Abb. 44

Abb. 43

Sie in dieser Haltung für 8 Sekunden, ohne einzuatmen. Lockern Sie alle Atemmuskeln. Atmen Sie 4 Sekunden tief ein, während Sie in die Senkrechte zurückkommen.

➤ Atmen Sie gleich wieder 4 Sekunden lang aus und fahren Sie dieses Mal mit den Händen das linke Bein hinunter bis zur Ferse (Abb. 44). Bleiben Sie 8 Sekunden unten, ohne Luft zu holen. Atmen Sie 4 Sekunden ein und kommen Sie hoch.

➤ Führen Sie diese Übung beidseitig je 5-mal aus.

Übung 4: Tapferkeitshaltung

Diese Position beugt das Rückgrat nach hinten, hilft, Bauchfett zu beseitigen, sowie bei Verstopfung und Blähungen.

➤ Stehen Sie aufrecht, die Füße sind parallel. Machen Sie mit dem rechten Bein einen kleinen Schritt nach vorn. Atmen Sie aus.

➤ Atmen Sie tief ein, biegen Sie den Rumpf mit hochgestreckten Armen nach hinten, die Handflächen gegeneinandergepresst (Abb. 45). Bleiben Sie eine $1/2-1$ Minute in dieser Haltung und atmen Sie gut durch.

➤ Kommen Sie mit dem Oberkörper nach vorn und nehmen Sie das rechte Bein wieder zurück. Machen Sie nun mit dem linken Bein einen kleinen Schritt nach vorn und wiederholen Sie die Übung.

Abb. 45

Übung 5: Drehsitz

Diese Haltung bietet wohltuende Entlastung für den unteren Teil der Wirbelsäule.

➤ Setzen Sie sich gerade auf einen Stuhl, ohne sich anzulehnen. Heben Sie beide Arme hoch und strecken Sie diese nach vorn (Abb. 46). Atmen Sie tief und auf 4 Sekunden ein.

Abb. 46

Abb. 47

➤ Atmen Sie auf 4 Sekunden aus und drehen Sie sich so weit wie möglich nach rechts. Die Arme sollen parallel bleiben. Drehen Sie auch den Kopf so stark wie möglich zur Seite (Abb. 47). Bleiben Sie in der Stellung für 4 Sekunden, die Lungen sind leer.

➤ Atmen Sie ein und drehen Sie sich wieder nach vorn, sodann gleich weiter nach links und atmen Sie in 4 Sekunden aus (Abb. 48). Bleiben Sie in dieser Haltung für 4 Sekunden. Atmen Sie ein, während Sie sich wieder nach vorn drehen.

➤ Wiederholen Sie die Übung 3- bis 5-mal.

Abb. 48

Ratschlag für die Vata-Konstitution

Es ist wichtig, dass Sie diese Übungen mit einem meditativen Geist ausführen, denn in der Hektik des Alltags bleibt kaum Zeit zum gänzlichen Abschalten.

Mit sanften harmonischen Bewegungen beim Ausführen und mit konzentrierter Atmung können Sie zu Ihrer Mitte finden. Eine geeignete zusätzliche Übung für Sie ist diese:

Nase-Knie-Haltung

➤ Stehen Sie aufrecht, die Füße parallel, die Arme hängen seitlich locker herab. Atmen Sie tief ein. Atmen Sie aus und heben Sie das rechte Bein hoch. Umfassen Sie es mit beiden Armen und drücken Sie es mit aller Kraft gegen den Unterleib (Abb. 49). Senken Sie den Kopf etwas nach vorn, so dass Sie mit

Abb. 49

der Nase Ihr Knie berühren. Atmen Sie gut durch und versuchen Sie, eine $^1/_2$ bis 1 Minute die Stellung zu halten.

➤ Wechseln Sie anschließend die Beinstellung und wiederholen Sie die Übung.

Ratschlag für die Pitta-Konstitution

Wenn Sie Hunger verspüren, in der Mittagszeit oder anstelle einer Mahlzeit dürfen Sie diese Übungen **nicht** machen. Das wäre nicht gesundheitsfördernd, sondern schädigend bei Ihrer Konstitution. Ihr Feuer konsumiert nun einmal jede Menge Brennmaterial. Eine gute Übung für Sie, für die es etwas Ehrgeiz braucht, aber Ausgleich schafft, ist die:

Waage

➤ Stehen Sie auf einem Bein. Bringen Sie den Körper mit ausgestreckten Armen, nach hinten gestrecktem Bein und nach unten gerichtetem Blick genau parallel zum Fußboden (Abb. 50). Halten Sie diese Stellung für 15 bis 30 Sekunden und atmen Sie normal.

➤ Wiederholen Sie die Übung mit dem anderen Bein.

Abb. 50

Ratschlag für die Kapha-Konstitution

Die angezeigte Atmung ist sehr wichtig für Sie beim Üben; so sorgen Sie für mehr Wind-Element in Ihren Körper. Da Sie einen stabilen Körperbau besitzen, etwas untersetzt sind oder beides, ist es wichtig, dass Sie die Zirkulation in den Beinen und Füßen verbessern. Das können Sie mit der Zusatzübung – einer Kombination von zwei klassischen Yoga-stellungen – effektiv anstellen. Nach ihrer Ausführung fühlen Sie ein gestärktes Selbstvertrauen, daher die Bezeichnung:

Abb. 52

Abb. 51

Abb. 53

Heldenpose

➤ Stellen Sie sich aufrecht hin, die Füße parallel, heben Sie die Arme waagrecht nach vorn und atmen Sie in 4 Sekunden tief ein (Abb. 51).

Abb. 54

Abb. 56

Abb. 55

ganze Gewicht auf der linken Ferse, legen Sie beide Hände auf die Knie, halten Sie diese Stellung für eine $^1/_2$ Minute und atmen Sie völlig normal (Abb. 53).

➤ Lehnen Sie sich etwas nach vorn und machen Sie mit dem hinteren Fuß einen Schritt nach vorn. Setzen Sie sich nun auf die rechte angehobene Ferse und bleiben Sie so für eine weitere $^1/_2$ Minute (Abb. 54).

➤ Bringen Sie nun beide Fersen wieder parallel zueinander und atmen Sie 4 Sekunden tief ein (Abb. 55). Halten Sie den Atem und strecken Sie die Knie langsam durch, bis Sie in 8 Sekunden aufrecht stehen (Abb. 56).

➤ Atmen Sie normal und lockern Sie die Glieder.

➤ Halten Sie den Atem an und beugen Sie die Knie langsam durch, bis Sie auf den angehobenen Fersen zu sitzen kommen (Abb. 52).

➤ Atmen Sie aus und machen Sie mit dem rechten Fuß einen kleinen Schritt nach vorn. Halten Sie möglichst das

Lernen Sie den Tag erfüllt zu beschließen

Das Yogaprogramm für den Abend

Sie sind zwar jetzt beweglicher als am frühen Morgen, aber durch die vielen Einflüsse und Eindrücke des Tages nicht harmonischer. Und weil der Abend unbegrenzt ist, gibt es ein größeres Programm mit etwas schwierigeren Übungen. Falls Ihnen das anfangs Probleme bereitet, können Sie für einige Zeit zu diesem Zeitpunkt auch das Morgenprogramm üben und es durch dieses Programm ersetzen, sobald Sie flexibel genug sind.

Viele Eindrücke haben sich während des Tages angesammelt. Deshalb beginnen wir mit einer meditativen Yogahaltung. Alle Übungen für die Wirbelsäule sind wiederum darin enthalten. Wegen der Belastung der Beinvenen müssen wir auch eine Übung zur Umkehr der Blutzirkulation machen. Zur Harmonisierung der subtilen Energien üben wir das wechselseitige Atmen. Das bringt Sie wieder zu sich selbst.

Ideal ist, wenn Sie eine kurze Dusche vor dem Yoga nehmen. Wenn Sie von der Arbeit nicht verschmutzt sind, genügt ein kurzes Duschen ohne Seife. Manchmal hat man das Gefühl, energetisch belastet zu sein, aus welchen Gründen auch immer. Geben Sie dann einfach eine Hand voll Salz ins Badewasser oder vermischen Sie in einem Becher etwas Salz mit Wasser und übergießen Sie sich damit kurz vor dem letzten Abduschen. Salz besitzt die wertvolle Eigenschaft, dass es negative Schwingungen an sich bindet. Diese Maßnahme ist besonders empfehlenswert, wenn Sie bei Ihrer Arbeit direkten Körperkontakt mit Menschen haben. Ihr Magen sollte leer sein, d. h. die letzte größere Mahlzeit sollte mindestens 3 Stunden zurückliegen. Wenn Sie sich schwach fühlen, können Sie etwas Leichtes wie eine Tasse heiße Milch oder eine Suppe zu sich nehmen. Das ist besser als erschöpft zu üben.

Übung 1: Ausklinken im Keil

Vajra, wie diese Übung im Sanskrit heißt, ist nicht nur ein gewöhnlicher Keil, sondern der Donnerkeil des Götterkönigs Indra, vergleichbar mit der Waffe des mächtigen Zeus. Diese Übung ist eine ungeahnte Kraftquelle. Das bestätigt sich, wenn wir die Liste der Indikationen anschauen, bei denen diese Übung helfen kann: Durchblutungsstörungen der unteren Extremitäten, Arthritis der Hüft-, Knie-, Fuß- und Zehengelenke, Gicht und Verdauungsstörungen. Bei dieser Übung wird keinerlei Druck auf die Organe im Bauchbereich ausgeübt. Sie können sich deshalb perfekt entspannen. Falls es für Sie zu schwierig ist, die Knie so stark durchzubeugen, legen Sie sich einfach ein Kissen zwischen Gesäß und Unterschenkel.

➤ Knien Sie sich hin, legen Sie beide Fußrücken auf den Boden und setzen Sie sich nun auf Ihre Fersen (Abb. 57). Überprüfen Sie, ob der Rücken aufrecht gehalten wird. Halten Sie dazu die Hände an den Hals und ziehen Sie ihn nach

b. 57

wieder hinaus ins Meer zu fließen und mit diesem zu verschmelzen. Gleichermaßen verhält es sich auch bei Ihrer Atmung: Je entkrampfter Sie sind, desto klarer wird diese Fusion des Ein- und Ausatmens. Beobachten Sie, entspannen Sie, genießen Sie.
➤ Üben Sie diese Haltung, bis Ihr Geist ruhig und klar geworden ist, bis er den Ballast des Tages abgelegt hat.

Abb. 58

oben. So streckt sich die Wirbelsäule sehr schnell. Legen Sie die Hände mit den Handflächen nach oben so auf Ihre Schenkel, wie es Ihnen am bequemsten erscheint. Legen Sie ein Kissen unter, falls dies bequemer für Sie ist (Abb. 58).
➤ Schließen Sie die Augen und atmen Sie völlig entspannt. Beobachten Sie einfach Ihre Atmung. Bei einem Spaziergang am Meer sehen Sie, wie die Wellen an den Strand laufen, um dann

Übung 2: Kuhgesicht

Dieser Name beschreibt eine Yogahaltung und ist in Indien niemals eine
Beleidigung. Vielleicht sind Sie gereizt,
verspüren Wut auf jemanden, oder Sie
haben versteckte oder unterdrückte
Aggressionen. Diese Haltung kann alle
Arten von Aggressionen beseitigen. Sie
hilft bei sexuellen Störungen, Schlafpro-
blemen, Sodbrennen oder Appetitlosig-
keit. Die Schulterblätter, Schultergelenke
sowie der ganze Brustwirbelbereich werden gelöst und tonisiert. Gleichzeitig
trägt die besondere Stellung der Beine
aber auch zur Stärkung der Gelenke der
unteren Extremitäten bei. Des Weiteren

Abb. 60

Abb. 59

ist es auch eine wunderbare Übung für
Asthmatiker oder bei Schwäche der
Lungen und Bronchien. Für die anfäng-
lichen Schwierigkeiten und Unbequem-
lichkeiten werden Sie also mehr als
angemessen entschädigt.
➤ Setzen Sie sich mit ausgestreckten
Beinen auf den Boden und legen Sie
das linke Bein so unter das rechte, dass
die linke Ferse am rechten Hüftgelenk
anliegt. Stellen Sie das rechte Bein über
den linken Oberschenkel, damit die
rechte Ferse idealerweise am linken Hüftgelenk liegt (Abb. 59). Falls nicht möglich, dann stellen Sie den Fuß weiter
vorn auf den Boden. Versuchen Sie,
gerade zu sitzen.

➤ Nehmen Sie nun den linken Arm hinter den Rücken und die Hand möglichst hoch zu den Schultern (Abb. 60).
➤ Heben Sie den rechten Arm nach oben-hinten und versuchen Sie, die linke Hand oder die Fingerspitzen zu greifen (Abb. 61). Falls das nicht möglich ist, können Sie ein kleines Handtuch zu Hilfe nehmen (Abb. 62).
➤ Halten Sie den Kopf gerade nach vorn gerichtet. Verbleiben Sie in dieser Stellung für 1–3 Minuten und atmen Sie tief und regelmäßig durch die Nase ein und aus. Wenn Sie ein Handtuch benutzen, bringen Sie allmählich die Hände näher zusammen.

➤ Wiederholen Sie die Übung auf der Gegenseite, d. h. Sie wechseln die Beinstellung und nehmen dieses Mal den rechten Arm hinter den Rücken und den linken nach oben-hinten. Halten Sie auch diese Stellung für 1–3 Minuten. Auch wenn Ihnen diese Übung anfangs Mühe und etwas Schmerzen in den Schultern bereitet – sie lohnt sich wirklich. Ihre Beweglichkeit und Durchblutung im Schulterbereich wird gefördert wie sonst kaum.

Abb. 62

Abb. 61

Übung 3: Berg

Die Bergpose streckt und beugt den Rücken. Durch die sitzende Haltung kommt eine starke Erdverbundenheit zustande, wie es der Natur des Berges entspricht. Die Rücken-, Bauch- und Schultermuskulatur wird stark beansprucht und dadurch gestärkt. Als Zusatzeffekt wird das Gewebe von Hüften und Bauch fester.

Abb. 63

Abb. 64

Abb. 65

➤ Setzen Sie sich in den Schneider- oder Lotussitz. Heben Sie die Arme über den Kopf und bringen Sie die Handflächen zusammen (Abb. 63). Atmen Sie tief ein und versuchen Sie eine maximale Streckhaltung der Arme. Atmen Sie normal und halten Sie die Stellung für eine $^1/_2$ – 1 Minute.

➤ Halten Sie die Arme gestreckt und beugen Sie sich langsam so stark wie möglich nach links (Abb. 64). Sie müssen gut darauf achten, Ihr Gleichgewicht zu halten. Krümmen Sie die Wirbelsäule an ihrer untersten Basis.

➤ Kommen Sie zurück in die vertikale Streckung und beugen Sie sich dann nach rechts (Abb. 65).

➤ Gehen Sie zurück in die vertikale Stellung, lockern Sie dann langsam die Arme und nehmen Sie diese nach unten, legen sie für einige Zeit in Ihren Schoß, die Handflächen ineinander und nach oben schauend. Entspannen Sie sich. Bleiben Sie so sitzen, bis Sie völlig normal atmen.

Übung 4: Zeichen

Dies ist eine wunderbare Übung, das Rückgrat nach vorn zu beugen, gleichzeitig die inneren Organe zu komprimieren und die Blutzirkulation im Kopfbereich zu erhöhen. Entsprechend wirksam ist sie bei Erkrankungen der Leber, z. B. Hepatitis, oder Problemen mit dem Gallenfluss, bei Verstopfung und bei Erkältungskrankheiten. Zudem wird das Herz gekräftigt. Wichtig ist eine konsequente kräftige Atmung, denn in der Stellung selbst müssen die Lungen vollkommen leer sein.

Abb. 67

Abb. 66

➤ Setzen Sie sich in den Schneider- oder Lotussitz. Nehmen Sie beide Arme hinter den Rücken. Umfassen Sie mit der linken Hand das rechte Handgelenk (Abb. 66 + 67). Atmen Sie auf 4 Sekunden tief und vollkommen ein, während Sie die Schultern zurücknehmen und den Brustkorb maximal expandieren.
➤ Atmen Sie gleich wieder auf 4 Sekunden gleichmäßig aus und beugen Sie sich nach vorn Richtung rechtes Knie, das Sie zuerst mit der Nase und dann mit dem Kinn berühren sollen (Abb. 68). Verbleiben Sie ohne Luft in den Lungen 8 Sekunden lang in dieser Position und lockern Sie Ihre Schultern.
➤ Atmen Sie auf 4 Sekunden ein und kommen Sie in die aufrechte Haltung mit nach hinten gezogenen Schultern zurück. Gleich wieder ausatmen und zum linken Knie nach vorn beugen,

Abb. 68

Abb. 69

Schultern lockern, nicht atmen und 8 Sekunden unten bleiben (Abb. 69). Jetzt wieder langsam und auf 4 Sekunden einatmen, hochkommen und die Schultern zurücknehmen. Auf 4 Sekunden ausatmen und wieder zum rechten Knie hin runterbeugen. 8 Sekunden mit entleerten Lungen unten bleiben. Lockern und hochkommen.

➤ Üben Sie auf jeder Seite 3- bis 5-mal.

Übung 5: Schlangenhaltung

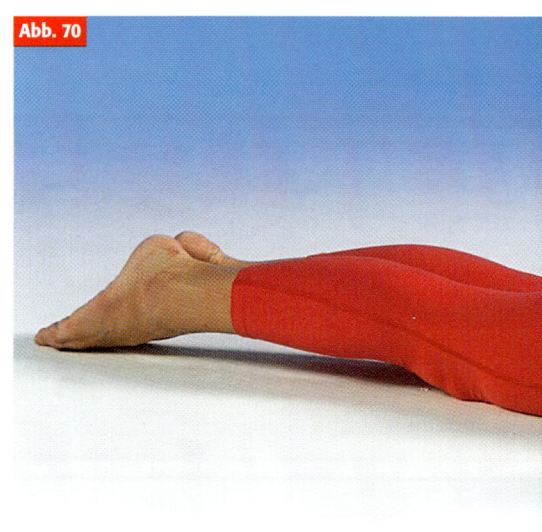

Abb. 70

Wenn wir von einem starken Strecken der Wirbelsäule nach vorn zu dieser Übung übergehen, können wir einen richtigen Energie- und Hitzeschub im unteren Lendenwirbelbereich beobachten. Die Schlangenhaltung ist bekannt dafür, dass sie die Schlangenkraft (Kundalini) stärkt. Und wie wir alle wissen, ist es eine zwiespältige Angelegenheit, schlafende Schlangen zu wecken. So verhält es sich auch mit der Schlangenkraft.

Was machen wir mit dieser ungeheuren Energie? Die Yogi benutzen sie sozusagen als Abschussrampe, um sich aus dieser materiellen Welt hinauszukatapultieren. Wir, die wir noch angehaftet sind an die Freuden des irdischen Daseins, haben hingegen ganz andere Bedürfnisse.

Das Allerwichtigste und Entscheidende, wie sich solche Kräfte kanalisieren lassen, ist unsere Intention. Bei allem, was wir tun, steht zuerst die Absicht. Sie ist das Flussbett, durch das sich die Wassermassen bewegen, wenn die Schleusen einmal geöffnet sind. Wir möchten diese Kräfte zur Stärkung der psychosomatischen Immunität einsetzen, und diese Intention müssen wir auch klar vertreten und in den mentalen Vordergrund setzen.

Die Schlangenhaltung hat aber auch andere Heilwirkungen. Sie beseitigt Bauchfett, Verstopfung und Blähungen. Die vorn im Bauch gelegenen Organe werden gestreckt und die hinteren, wie die Nieren, komprimiert. Verschobene Rückenwirbel oder Bandscheiben werden in die richtige Stellung gerückt.

Die Nervenbahnen und Muskulatur im tiefer gelegenen Rückenbereich werden stimuliert, was zu einer besseren Durchblutung führt. Die Muskulatur der Arme wird trainiert.

➤ Legen Sie sich auf den Bauch, die Handflächen liegen auf dem Boden unter Ihren Schultergelenken (Abb. 70).

➤ Atmen Sie tief ein, heben Sie den Oberkörper vom Boden ab und nehmen Sie den Kopf ganz in den Nacken (Abb. 71). Unterstützen Sie mit Ihren Armen diese Beugehaltung. Die Hüften bleiben dabei unbedingt auf dem Boden. Die Krümmung des Rückens erfolgt hauptsächlich im Lendenwirbelbereich.

➤ Atmen Sie in der Stellung normal durch die Nase und verbleiben Sie so für 1–3 Minuten.

Abb. 71

Übung 6: Winde

Diese Übung – das Sanskritwort lässt sich nicht wörtlich übersetzen – ist nach einem berühmen Yogi benannt. Da in dieser Stellung das Rückgrat wie ein Tuch ausgewunden wird, habe ich als Namen die Winde gewählt. Bei konventionellen Gymnastikübungen gibt es kaum eine Möglichkeit, den Rücken so stark zu drehen wie hier. Die Heilwirkung der Winde erstreckt sich auf Rheuma, Skoliose, Kyphose, Lumbago und generell auf alle Arten von Rückenschmerzen.

Auch hier werden die unteren beiden Cakra aktiviert. Deshalb sollten Sie vorsichtig sein und diese Stellung nicht direkt vor dem Einschlafen oder allzu lange ausüben, denn sie ist sehr aktivierend und dann wird es nichts mit dem Schlaf. Da innerhalb des Abendprogramms eine nicht stimulierende, eine Entspannungs- und eine meditative Übung folgen, kommt es zu einem energetischen Ausgleich.

➤ Setzen Sie sich auf den Boden und legen Sie das rechte Bein so auf den Boden, dass die Ferse des rechten Beines

Abb. 72

Abb. 73

an der linken Hüfte anliegt (Abb. 72). Stellen Sie den linken Fuß über das rechte Knie hinaus und halten Sie das linke Bein und Knie aufrecht. Das ist der fixe Pol, an dem Sie Ihren Hebel ansetzen.

➤ Drehen Sie sich nun so stark wie möglich nach links, indem Sie den rechten Arm nach vorn strecken. Helfen Sie mit dem rechten Arm mit, Ihre Drehung zu maximieren, und legen Sie ihn dazu über das linke Knie (Abb. 72).

➤ Wenn Sie die Position halten können, dann legen Sie den linken Arm um den Rücken mit der Handfläche nach unten. Auch den Kopf müssen Sie so weit wie möglich nach links drehen. Verbleiben Sie nun in dieser Stellung für 1–3 Minuten (Abb. 73).

➤ Diese Haltung sollen Sie immer wechselseitig üben. Ändern Sie Ihre Bein- und Armstellung und üben Sie genauso lange auf der Gegenseite.

Übung 7: Kerze

Diese Übung ist auch in unserem Kulturkreis schon lange bekannt und stellt eine wunderbare Entlastung für Ihre Beinvenen dar.

Die Kerze bewirkt eine starke Durchblutung der Hals- und Brustorgane, was zur Folge hat, dass die Gesichtshaut strahlt, Kopfschmerzen verschwinden, Augen-, Ohren-, Nasen- und Halskrankheiten effektiv beseitigt und sexuelle Störungen wie frühzeitiges Ejakulieren aufgehoben werden. Interessant sind außerdem die positiven Auswirkungen auf Leber, Nervenbahnen und Muskulatur. Der Fluss in den Meridianen, den Nerven, den Blut-, Lymph- und anderen Gefäßen, welche die Kommunikation zwischen Gehirn und Rumpf regeln, wird verbessert.

➤ Legen Sie sich flach auf den Rücken, ziehen Sie die Beine an (Abb. 74), stützen Sie mit den Händen Ihre Hüften und heben Sie diese vom Boden hoch (Abb. 75). Lockern Sie die Füße, indem Sie diese kreisen. Lockern Sie die Knie und Hüften. Atmen Sie durch die Nase gut durch und verbleiben Sie 1–3 Minuten in der Haltung. Setzen Sie zum Abstützen so gut wie möglich Ihre Bauch- und Beckenmuskulatur ein, die Arme dienen nur als Hilfsmittel. Wenn Sie die Beine etwas nach hinten über den Kopf nehmen, ist die Stellung viel leichter zu halten. Das ist keine Gymnastikübung. Sie bekommen keine Punkte, indem Sie alle Bein- und Fußmuskeln vollständig durchstrecken. Im Gegenteil, das behindert die Zirkulation. Bleiben Sie locker und entspannt – das ist der Yogaweg!

Abb. 74

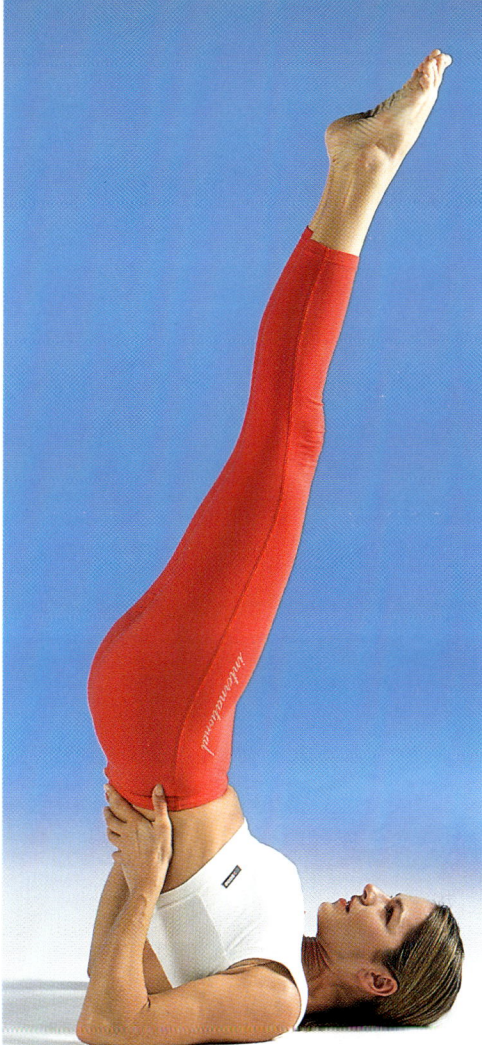

➤ Am Ende rollen Sie die Wirbelsäule langsam ab. Verschränken Sie die Beine wie beim Schneidersitz ineinander. Nehmen Sie die Arme über den Kopf und legen Sie die Handflächen ineinander. Sie sind jetzt eine Schildkröte, die auf dem Rücken ihres Panzers liegt (Abb. 76).

➤ Entspannen Sie sich. Nach 1–2 Minuten können Sie die Beine und Arme wieder ausstrecken und gleich den Engel üben (s. S. 80).

Abb. 75

Abb. 76

Übung 8: Engel

Die Stellung trägt diesen Namen, weil
die Arme wie Flügel seitlich vom Körper
ausgestreckt werden und die Übung fe-
derleicht macht, wenn wir fliegen sollen,
und bleischwer, wenn wir die Erde spüren wollen. Primäres Ziel dieser Stellung
im Anschluss an eine Serie von kurativen Yogaübungen ist es, Energien richtig
zu verteilen. Das macht die Körperintelligenz ganz von selbst, vorausgesetzt,
man lässt es zu. Dort, wo Sie Kraft brauchen, da fließt sie hin. Dort, wo Spannungen sind, werden sie aufgelöst. Dort,
wo Blockaden herrschen, werden diese
überwunden. Stellen Sie sich dieses Bild
beim Üben vor.
Yogi wünschen mit möglichst wenig
Schlaf auszukommen, denn Schlaf bedeutet für sie Ignoranz und Verlust der
Kontrolle über den Geist. Sie sind in der
Lage, sich in dieser Asana in kürzester
Zeit Erholung durch Tiefenentspannung
zu holen. Meine Erfahrung ist, dass Teilnehmer bei dieser Übung häufig einschlafen.
➤ Legen Sie sich flach auf den Rücken.
Überprüfen Sie, ob Ihr Rücken vollkommen gerade ist. Recken Sie ein wenig
den Hals, damit auch der Nacken entspannt auf dem Boden ruht. Die Hände
liegen etwa 40 cm von den Hüften ent-
fernt, die Handflächen sind nach oben
gerichtet. Die Fersen haben einen Abstand von 40–60 cm, die Zehen schau-
en nach außen (Abb. 77). Beobachten
Sie, ob Ihre Atmung gleichmäßig ist.
➤ Als Nächstes wollen wir den Körper
völlig entspannen. Die Anweisungen
sind suggestiver Natur. Nach jeder An-
weisung folgt eine kleine Pause, die
Ihnen dienen soll, die betreffenden
Organe völlig zu entspannen:
➤ Richten Sie Ihre Aufmerksamkeit auf
die Füße. Lockern Sie die Zehen und
die Fußgelenke.

Abb. 77

➤ Entspannen Sie nun Unterschenkel
und Knie.
➤ Entspannen Sie Oberschenkel und
Hüften.
➤ Lockern Sie nun Hände und Hand-
gelenke.
➤ Entspannen Sie alle Muskeln des
Unterarms sowie die Ellbogengelenke.
➤ Jetzt sind Oberarm und Schultern an
der Reihe.
➤ Lockern Sie die Hals- und Gesichtsmuskulatur und atmen Sie weiterhin
völlig entspannt.
➤ Stellen Sie sich jetzt vor, dass Sie bei
jedem Ausatmen schwerer und schwerer werden und ein kleines Stück weiter
in den Boden versinken.
➤ Denken Sie jetzt, dass Sie mit jedem
Einatmen leichter und leichter werden
und ein Stück weiter vom Boden abheben.

➤ Bewegen Sie kurz Ihre Hände und Füße.

➤ Reiben Sie die Handflächen schnell ineinander und legen Sie diese über Ihre Augen. Schauen Sie mit weit geöffneten Augen in die Handflächen.

➤ Schließen Sie die Augen. Nehmen Sie die Hände weg. Öffnen Sie die Augen langsam und setzen Sie sich auf.

➤ Nehmen Sie sich 5–10 Minuten Zeit für diese Übung.

Übung 9: Sonne-und-Mond-Atmung

Die Anatomie des Yoga unterscheidet 72.000 subtile Zirkulationsbahnen (Nadi), um die sich Nerven und Organe gruppieren. Der Durchmesser der zentralen Bahn soll $1/10.000$ einer Haarspitze betragen, verläuft im Rückenmark und wird Suschuma genannt. Zur ihrer linken Seite verläuft ein weiterer Kanal, der den Namen Ida trägt. In ihm fließt die Energie, welche den Parasympathikus des autonomen Nervensystems kontrolliert, und deren Qualität weiblich, intuitiv, lunar und kühlend ist. Rechts von Suschuma fließt ein Kanal mit aktiver, männlicher, solarer und erhitzender Eigenschaft, der Pingala. Er kontrolliert den Sympathikus des autonomen Nervensystems.

Der Ida-Kanal beginnt am rechten großen Zeh, wechselt an der Basis der Wirbelsäule die Seiten und tritt in der linken Nasenöffnung aus. Der Pingala-Kanal hat seinen Ursprung an der linken großen Zeh und endet im rechten Nasenloch. Bei der Atmung reguliert unser psychosomatischer Organismus diese gegensätzlichen Energien je nach Bedarf, indem manchmal eher rechts und manchmal eher links geatmet wird. Sie können diese Funktionen für sich selbst herausfinden, indem Sie, wenn es Ihnen kalt ist, das linke Nasenloch zuhalten und nur rechts ein- und ausatmen, oder umgekehrt, wenn es Ihnen sehr heiß ist, nur links atmen. Mit der folgenden Übung wollen wir uns diese gegensätzlichen Energien zur Harmonisierung bewusst zunutze machen.

➤ Setzen Sie sich im Schneider- oder Lotussitz hin (Abb. 78). Wenn Ihnen das nicht bequem ist, setzen Sie sich mit ausgestreckten Beinen an die Wand oder mit geradem Rücken auf einen Stuhl.

Abb. 79

Abb. 78

➤ Halten Sie sich das rechte Nasenloch zu (Abb. 79). Atmen Sie jetzt zur vollen Lungenkapazität ein und merken Sie sich, wie lange Sie dazu gebraucht haben. Atmen Sie genau gleich lang aus, wie Sie zum Einatmen benötigt haben, und sorgen Sie dafür, dass am Ende dieser Zeitspanne Ihre Lungen auch wirklich vollständig leer sind.

➤ Atmen Sie ohne Pause gleich wieder ein. Wiederholen Sie den Vorgang 2- bis 3-mal. Legen Sie beide Hände übereinander und mit den Innenflächen nach oben in Ihren Schoß. Schließen Sie die Augen. Atmen Sie völlig normal. Beobachten Sie die Qualität und den Fluss der Energien im Körper. Verbleiben Sie eine $1/2$–1 Minute in dieser Stellung.

➤ Halten Sie sich jetzt den linken Nasenflügel zu und atmen Sie durch das rechte Nasenloch tief ein (Abb. 80). Atmen Sie gleich lang aus, wie Sie zum Einatmen benötigt haben. Atmen Sie ohne Pause wieder ein und wiederholen Sie den Vorgang 2- bis 3-mal. Nehmen Sie die Hände herunter, legen Sie sie in den Schoß, schließen Sie die Augen, entspannen Sie sich und beobachten Sie den Fluss und die Eigenschaften der Energien.

➤ Als Nächstes wollen wir abwechselnd durch die Nasenöffnungen ein- und ausatmen. Halten Sie links zu, atmen Sie ein. Halten Sie rechts zu und atmen Sie aus. Halten Sie wieder links zu und atmen Sie ein. Halten Sie rechts zu und atmen Sie aus. Wiederholen Sie das 2- bis 3-mal. Nehmen Sie die Hände in den Schoß. Entspannen und normal atmen.

➤ Halten Sie rechts zu und atmen Sie links ein. Halten Sie links zu und atmen Sie aus. Halten Sie wieder rechts zu und atmen Sie ein. Halten Sie links zu und atmen Sie aus. Wiederholen Sie das noch 2- bis 3-mal. Hände in den Schoß, entspannen und gut beobachten, wie die Energien in Ihrem Körper fließen.

Abb. 80

Übung 10: Abendmeditation

Beschließen Sie den Abend mit einer meditativen Haltung. Sie soll Ihnen helfen, Kraft zu sammeln und sich selbst zu finden. Ein Wort zu der Handstellung beim Meditieren: Sie haben wahrscheinlich auf Abbildungen schon gesehen, dass viele Yogaübende bestimmte Handstellungen oder Mudra praktizieren. Machen Sie diese nicht einfach blindlings nach. Viele dieser Mudra bewirken, dass sich die unteren Cakra, wo die sexuellen Energien fließen, kontrolliert oder eingeschränkt werden. Das kann nicht Ihr Ziel sein, wenn Sie Probleme mit der Monatsregel oder der Potenz

Abb. 81

haben. Was gut ist für einen Yogi, muss ja nicht automatisch auch gut für Sie sein. Aus gesundheitlicher Sicht sollten wir alle Kräfte nutzen, die unsere Immunität stärken. In der Handfläche befindet sich ein Cakra, das Energien aus der Umwelt aufnehmen kann. Leider nutzen wir diese Möglichkeit so gut wie nie.

Das wollen wir jetzt ändern und deshalb unser Bewusstsein darauf lenken. Es geht auch darum, dass Sie lernen, immer Zugang zu den hellen, positiven Kräften in dieser Welt zu haben. Dafür müssen wir unser Gemüt schulen. Jeder hat Phasen der mentalen Erschöpfung, Augenblicke, in denen kein Weiterkommen abzusehen scheint. Doch das ist änderbar.

➤ Setzen Sie sich im Schneider- oder Lotussitz Richtung Westen auf den Boden. Wenn Ihnen das nicht bequem ist, setzen Sie sich mit ausgestreckten Beinen an die Wand oder mit geradem Rücken auf einen Stuhl. Drücken Sie mit dem Daumennagel kräftig im Zentrum der Handfläche. Dort sitzt Ihr Handcakra, das wir damit etwas aktivieren wollen.

➤ Legen Sie die Hände mit den Handflächen nach oben so auf Ihre Oberschenkel oder Knie, wie es Ihnen wirklich bequem ist (Abb. 81). Beobachten Sie für eine Weile die untergehende Sonne. Schließen Sie die Augen, entspannen Sie das Gesicht. Atmen Sie völlig normal und entspannt durch die Nase ein und aus.

➤ Stellen Sie sich jetzt vor, wie sich unzählige Strahlen in allen Regenbogenfarben aus allen Richtungen im Zentrum Ihrer beiden Hände bündeln. Diese Energie fließt sichtbar in die Handcakra hinein. Ihre Hände beginnen zu leuchten und die sich herrlich anfühlende Energie fließt von den Händen die Arme hinauf zum Herzen und von dort in alle Bereiche Ihres Körpers. Sie fühlen sich vollkommen eins mit den Lichtern des Regenbogens. Sie lächeln, fühlen sich geborgen und glücklich.

➤ Nehmen Sie nun die Handflächen und führen Sie diese zu einer Gebetsstellung zusammen. Senken Sie Ihren Kopf in tiefer Dankbarkeit. Öffnen Sie langsam die Augen. Bleiben Sie noch kurz sitzen, bevor Sie aus Ihrer Position aufstehen. Was immer Sie nun tun möchten, Sie haben die Kraft dazu.

Kurzversion für den Abend

Die Erfahrung zeigt, dass, selbst wenn wir mit großer Überwindung ein Yogaprogramm beginnen, wir bald Freude daran finden. Dazu sagt die Bhagavadgita: »Was anfangs wie Nektar schmeckt, wird bald zu Gift, und was anfangs wie Gift schmeckt, wird schnell zu Nektar.« Trotzdem empfehle ich Ihnen, nicht allzu großen Druck auf sich auszuüben. Yoga ist kein Leistungssport, wo sie beinhart jeden Tag Ihr Pensum erfüllen müssen. Ein schlechtes Gewissen ist der allerschlechteste Begleiter, den Sie sich wünschen können.

Dieses Vollprogramm müssen Sie nicht jeden Abend ausführen. Es genügt, wenn Sie sich zweimal in der Woche eine Stunde Zeit dafür nehmen. Picken Sie diejenigen Übungen für ein Kurzprogramm heraus, von denen Sie erfahrungsgemäß wissen, dass sie Ihnen am besten tun. Dazu sollten Sie auch die konstitutionellen Faktoren, wie im Folgenden beschrieben, berücksichtigen. Im Gegensatz dazu sollten Sie jeden Morgen unbedingt mehrere Übungen ausführen.

Ratschlag für die Vata-Konstitution

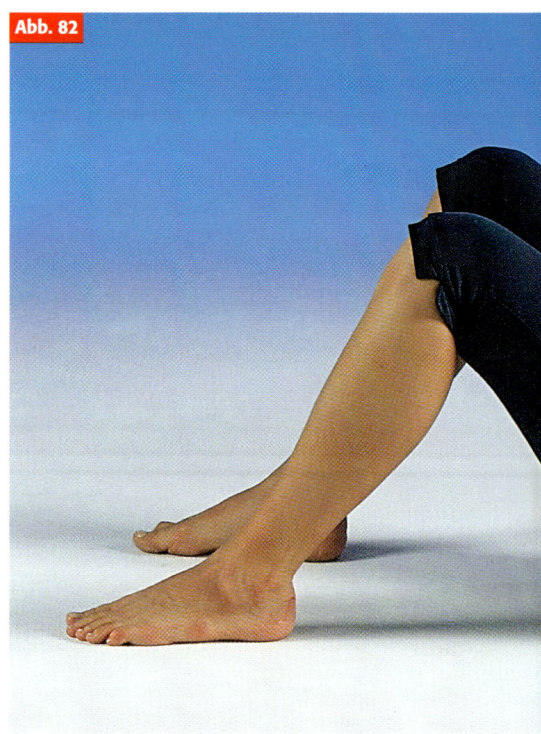

Abb. 82

Sie sind besonders stressempfindlich. Daher kann es sein, dass Sie abends völlig erschöpft nach Hause kommen. Dennoch finden Sie keine Ruhe, ein Abschalten ist schier unmöglich. Deshalb ist Yoga am Abend für Sie besonders wichtig, wobei leichte kurative, entspannende und meditative Übungen von großem Nutzen sind. Übertreiben Sie es auf keinen Fall. Das ist für die begeisterungsfähigen Vata-Menschen schwierig. Besonders zu empfehlen sind für Sie folgende Übungen:

➤ Keil (Übung 1, S. 66). Dabei können Sie sich entspannen und sind in enger Verbindung mit der Erde. Darüber hinaus hilft diese Übung, Ihre Schwachstellen zu stärken: die Gelenke der unteren Extremitäten.

➤ Zeichen (Übung 4, S. 72). Diese Stellung fördert klare mentale Strukturen. Sie ist eine der Yogahaltungen mit der stärksten positiven Auswirkung auf die Psyche.

➤ Schlangenhaltung (Übung 5, S. 74). Sie stimuliert Ihr erstes Cakra auf subtile Weise und lässt Sie erkennen, dass Sexualität nicht nur im Geist stattfindet. Des Weiteren beseitigt diese Übung Ihre Blähungen sehr effektiv.

➤ Der Engel (Übung 8, S. 80) hilft Ihnen, sich zu erden und zu sich zu finden, statt auf und davon zu schweben.

➤ Sonnen-Atmung (in Übung 9, S. 81). Sie bringt Ihnen die nötige Wärme.

➤ Die Abendmeditation (Übung 10, S. 84) ist von größtem Nutzen für Sie, denn Sie haben den größten Energiebedarf.

Eine zusätzliche Übung für Ihre Konstitution, die Ihnen hilft, zu Ihrer Mitte zu finden, ist folgende Stellung. Sie kann in dieser Gruppe direkt nach der Kerze ausgeführt werden:

Bauchatmung

➤ Legen Sie sich dazu flach auf den Rücken, ziehen Sie die Beine an und legen Sie die Hände auf den Bauch. Schließen Sie die Augen. Atmen Sie vollständig aus (Abb. 82).

➤ Atmen Sie langsam und bis zur vollen Kapazität ein. Drücken Sie dabei den Bauch so stark wie möglich nach oben (Abb. 83). Halten Sie die Luft doppelt so lange an, wie Sie für das Einatmen benötigt haben, und pressen Sie weiter mit aller Kraft den Bauch nach oben.

➤ Lockern Sie sämtliche Muskeln und atmen Sie vollständig aus. Entspannen Sie sich, atmen Sie für einige Zeit völlig normal und wiederholen Sie die Übung 2- bis 4-mal.

Abb. 83

Ratschlag für die Pitta-Konstitution

Wie ein Krebs lassen Sie ungern los, wenn Sie einmal zugeschnappt haben. Den Alltag hinter sich zu lassen ist deshalb besonders wichtig für Pitta-Menschen. Ihr Hang zum Perfektionismus und Wettbewerb soll beim Yoga zumindest etwas in den Hintergrund treten. Die wichtigsten mentalen Prinzipien, die es zu üben gilt, sind Geduld und Mitgefühl. Sie müssen nicht immer in vorderster Reihe kämpfen. Es braucht keine Schlacht, um den täglichen Kampf zu gewinnen. Bewahren Sie den Überblick, indem Sie auf Distanz gehen.

➤ Keil (Übung 1, S. 66). Hier müssen Sie abschalten. Ein Feldherr ist Herr des Feldes und nicht der rollenden Köpfe. Bewahren Sie den Überblick, indem Sie auf Distanz gehen.

➤ Kuhgesicht (Übung 2, S. 68). Dies ist Ihre Übung, denn Ihre Problemzone liegt in der Körpermitte, d. h. beim Solarplexus und im Bereich der Brustwirbelsäule.

➤ Zeichen (Übung 4, S. 72). Eine wichtige Übung für Sie wegen der tonisierenden Wirkung auf die Leber, dem Organ, mit dem Pitta-Naturen oft kämpfen müssen.

➤ Die Kerze (Übung 7, S. 78) hat eine hervorragende Wirkung auf die Haut an Gesicht, Hals und Brust, deshalb ist sie Pitta-Menschen zu empfehlen, die zu Hautunreinheiten neigen. Das einzige Organ im Kopf, das von Pitta regiert wird, sind die Augen; auch deshalb ist diese Stellung für diese Konstitution geeignet.

➤ Mond-Atmung (in Übung 9, S. 81). Dieser Teil der Übung kühlt Ihr hitziges Gemüt und die weibliche Kraft macht die harten Kanten weich.

Eine wichtige Zusatzübung für die Pitta-Frau und den Pitta-Mann ist diese Haltung. Damit können Sie Ihrem Ärger sprichwörtlich Luft verschaffen und ihn damit massiv abbauen:

Löwenhaltung

➤ Setzen Sie sich wie in Übung 1 auf die Fersen und legen Sie die Hände in den Schoß (Abb. 84).

Abb. 84

Abb. 85

➤ Kommen Sie zurück und atmen Sie ein. Verbleiben Sie für eine $1/2$ Minute in der Keilstellung, atmen Sie normal, halten Sie die Augen geschlossen und entspannen Sie alle Muskeln, vor allem die des Gesichts.

➤ Wiederholen Sie diese Übung 3- bis 7-mal. In der ruhigen Phase können Sie wunderbar beobachten, wie sich die Spannung von Ihnen löst.

Abb. 86

➤ Lehnen Sie sich etwas nach hinten und holen Sie tief Luft, wirklich tief Luft, bis Ihre Lungen komplett angefüllt sind (Abb. 85).

➤ Bereiten Sie sich auf das Ausatmen vor. Atmen Sie hörbar durch den Mund aus; es sollte sich anhören wie das Fauchen einer riesigen Raubkatze. Lehnen Sie sich dabei ganz nach vorn, strecken Sie die Zunge so weit wie möglich heraus und reißen Sie die Augen weit auf (Abb. 86).

Ratschlag für die Kapha-Konstitution

Kapha-Menschen verfolgen die Strategie der Raupe: Sie klettern von einem grünen saftigen Blatt zum anderen, lassen aber ihr Hinterteil zur Sicherheit auf dem alten Blatt. Erst wenn sichergestellt ist, dass das neue Blatt ihren Vorstellungen entspricht und der Vorderteil unumstößlich dort angekommen ist, heben sie ihr Hinterteil auf das neue Blatt. Diese Strategie gewinnt immer und schützt vor bösen Überraschungen. Ihr eigener Erfolg wird ihnen dann aber oft zum Verhängnis. Sie werden so schwerfällig, dass die Blätter sie nicht mehr halten können. Das Motto für bleibenden Erfolg mit minimalen Nebenwirkungen lautet: Regelmäßig und intensiv Yoga üben und in Bewegung bleiben. Besonders gut für Sie sind folgende Übungen:

➤ Kuhgesicht (Übung 2, S. 68). Das ist Ihre Übung, denn sie schützt die Funktionen der Atemorgane und vor Bronchialasthma.

➤ Der Berg (Übung 3, S. 70), denn jede Art von vertikalem und seitlichem Strecken ist von großem Vorteil für Ihre Natur.

➤ Schlangenhaltung (Übung 5, S. 74). Sie reinigt und kräftigt die Nieren, regt den Stoffwechsel an und fördert den Appetit. Ihre korrigierende Wirkung auf die Bandscheiben kommt den Kapha-Menschen entgegen.

➤ Die Winde (Übung 6, S. 76) hält wach, schützt vor Lethargie und zu viel Schlaf. Vor allem Tagesschlaf müssen Kapha-Menschen unbedingt vermeiden.

➤ Die Kerze (Übung 7, S. 78) durchblutet den Kopf – hier hat Kapha seinen Sitz – und vermindert Krampfadern sowie Ödeme in den Beinen.

➤ Sonne-und-Mond-Atmung (Übung 9, S. 81). Sie belebt die Sinne und reichert das Blut mit dem notwendigen Sauerstoff an.

Atemübungen sind generell für diese Konstitution zu empfehlen. Eine der wirksamsten Atemübungen mit starkem stimulierenden und belebenden Effekt ist die folgende. Zudem werden angesammelte Schlacken der Atemorgane optimal ausgeschieden:

Lokomotive

➤ Am besten setzen Sie sich dazu, wie in der Keilhaltung, auf Ihre Fersen oder, wenn das nicht möglich ist, auf einen Stuhl. Schnäuzen Sie Ihre Nase und legen Sie ein Taschentuch auf Ihren Knien oder in unmittelbarer Nähe bereit (Abb. 87). Sie müssen vor dieser Übung sehr bewusst die ganze Atem- und Gesichtsmuskulatur entspannen. Schließen Sie dazu die Augen, atmen Sie völlig normal.

➤ Überdenken Sie den Ablauf der Übung. Lehnen Sie sich leicht zurück und atmen Sie zur vollen Lungenkapazität ein. Lehnen Sie sich leicht nach vorn, halten Sie die Lippen fest zusammengepresst und pressen Sie den ganzen Lungeninhalt mit einem kurzen Ruck aus.

➤ Atmen Sie gleich wieder mit einem kurzen Atemzug ein und, kaum gefüllt, pressen Sie die eingeatmete Luft wieder mit einem starken Ruck aus. Beschleunigen Sie diese Atmungsweise allmählich, wobei jedes Mal beim Ausatmen ein zischendes Geräusch entsteht. Das Ganze soll sich wie eine sich immer schneller bewegende Dampflokomotive anhören. Richten Sie dabei Ihre Hauptaufmerksamkeit auf das Ausatmen.

➤ Wenn Sie den für Sie schnellstmögliche Rhythmus gefunden haben, halten Sie ein. Ruhen Sie in normaler Stellung mit geschlossenen Augen und normaler Atmung mindestens für 1 Minute. Sie können den Vorgang noch 2-mal wiederholen und sollten sich jedes Mal so lange entspannen, bis Atmung und Herzrhythmus wieder völlig normal sind.

Abb. 87

Die geeignete Ernährung

Die Zutaten wie Gewürze, frische Kräuter oder verschiedene Öle verändern die Wirkung der Speisen, und so lässt sich dasselbe Gericht für die unterschiedlichsten Konstitutionstypen bekömmlich und schmackhaft zubereiten.

Die Bhagavadgita sagt, dass ein richtiger Yogi weder zu viel noch zu wenig isst. Damit wäre wohl ein Missverständnis beseitigt. Vergessen Sie das Bild vom spindeldürren Yogi auf dem Nagelbrett. Jeder muss sich seiner Konstitution entsprechend ernähren! Dazu habe ich Ihnen schon im Kapitel über Ayurveda bei der Beschreibung der verschiedenen Typen wichtige Richtlinien aufgezeigt. Aber auch die Art der Arbeit und andere Umstände wie Alter, Schwangerschaft, die Zeit des Stillens oder Krankheit sollen berücksichtigt werden.

Fleischprodukte sind für eine Yoga-Diät nicht geeignet. Sie entwickeln zu viel Leidenschaft (Rajas) und Unwissenheit (Tamas) und sind deshalb aus ayurvedischer Sicht psychopathologisch, was bedeutet, dass sie negative Auswirkungen auf die Gesundheit der Psyche in sich tragen. Tier- oder artgerecht bedeutet für mich auch, dass man die Tiere am Leben lässt, denn freiwillig marschieren sie wohl kaum ins Schlachthaus.

Was passiert, wenn finanzieller Profit im Vordergrund der Tierhaltung steht, wird uns heute mehr als deutlich vor Augen geführt.

Wenn Sie sich fleischlos ernähren, müssen Sie jedoch unbedingt dafür sorgen, dass Sie täglich ausreichend Proteine in Form von Hülsenfrüchten oder Milchprodukten zu sich nehmen.

Grundnahrungsmittel seit tausenden von Jahren ist Getreide. Von Gemüsetellern und Salatplatten allein können Sie nicht gesund werden oder bleiben.

Schauen Sie, wie Kulturen, die wenig oder kein Fleisch essen, sich ernähren, oder betrachten Sie die Ernährungsweise in Mitteleuropa im letzten Jahrhundert: Es gab keine industrielle Nahrung, und Linsen sowie Bohnen galten praktisch als Fleischersatz. Erst mit dem Wohl-stand nahm auch der Fleischkonsum zu. Die folgende Tabelle zeigt die Grund-bedürfnisse der einzelnen Konstitutions-typen sowie die für sie geeigneten und ungeeigneten Nahrungsmittel. Bei der Ayurveda-Ernährung steht der Esser im Vordergrund, nicht das zu Essende!

Die passende Ernährung für jeden Konstitutionstyp

Konstitution	Quantität	Geschmack und Qualität	Geeignete Nahrungsmittel	Ungeeignete Nahrungsmittel
Vata	reichlich	• süß, sauer, salzig • gekocht, wärmend • saftig, nahrhaft • besänftigend	Weizen, Dinkel, Reis, Wurzelgemüse, Hül-senfrüchte (blähungs-widrig gewürzt), Nüsse, Sesam-, Oliven-, Kürbiskernöl, alle Milch-produkte	Müsli, Brot mit viel Hefe, Buchweizen, Trockenfrüchte, Kohl-gemüse, rohe Zwiebeln, alle kalten Getränke und Speisen wie Salate
Pitta	gut	• süß, bitter, herb • gekocht und roh • kühlend, saftig • besänftigend	Reis, Weizen, Dinkel, grünes Gemüse, rohes Gemüse und Früchte in Maßen, Hülsenfrüchte, Milch, Butter, Sahne, Ghee, Frischkäse, wenig Olivenöl	Buchweizen, Gerste, Sauerkraut, scharfe Ge-würze, Nüsse, gereifter fetter Käse, in Öl ge-bratene Speisen, Essig, saure und fermentierte Speisen
Kapha	minimal	• scharf, bitter, herb • gekocht, erhitzend • leicht, austrocknend • stimulierend	Gerste, Buchweizen, Roggen, Basmatireis, grünes Gemüse, Kohl-arten, Spargel, Knob-lauch, Linsen, Honig, wenig Sesamöl, Butter-milch, frischer Mager-käse	Weizen, Wurzelgemüse, Wassermelone, Nüsse, alle in Öl gebackene Speisen, Milch, Joghurt, fetter Käse, Sahne, Eis
Vata-Pitta	maximal	• süß, gekocht und roh • stark nährend • befeuchtend • beruhigend	Reis, Weizen, Dinkel, alle Gemüse außer rohe Zwiebeln, Hülsen-früchte, Nüsse in Maßen, Milch, Butter, Sahne, Ghee, Frisch-käse, Olivenöl	Buchweizen, Hefebrot, scharfe Gewürze, gereifter fetter Käse, in Öl gebratene Speisen, Essig, saure und fer-mentierte Speisen

Bitte umblättern

Konstitution	Quantität	Geschmack und Qualität	Geeignete Nahrungsmittel	Ungeeignete Nahrungsmittel
Pitta-Kapha	gut	• bitter, herb • gekocht und roh • eher leicht	Basmatireis, Weizen, Dinkel, grünes Gemüse, Knoblauch, Zwiebeln, wenig rohes Gemüse und Früchte, Hülsenfrüchte, Milch, Butter, Sahne, Ghee, Frischkäse, wenig Olivenöl, mild gewürzt	Essig, Sauerkraut, in Salz oder Öl Eingelegtes, Nüsse, gereifter fetter Käse, in Öl gebratene Speisen, Salz
Vata-Kapha	mittel	• leicht scharf • heiß, gekocht • wärmend, nahrhaft	Weizen, Dinkel, Basmatireis, alle Gemüse, Hülsenfrüchte (blähungswidrig gewürzt), wenig Nüsse, wenig Sesam-, Kürbiskernöl, Magermilch, Buttermilch, Ghee	absolut nichts Kaltes, angezeigt ist eine Vata-Diät mit Mengeneinschränkung
Tridosha	mittel	• alle sechs Geschmacksrichtungen, aber vor allem süß • leicht nährend, saftig	alle Getreidesorten, frisches Gemüse, Früchte, Milchprodukte, leichte Hülsenfrüchte wie Mungdal und Uriddal, wenig Nüsse und mäßig Oliven- und Sesamöl, Honig	fermentierte Produkte, Eingemachtes, Bohnen, Linsen, reife alte Käsesorten, Aufgewärmtes

Alle Übungsprogramme auf einen Blick

Das Morgenprogramm

Übung 1: Palmenhaltung	Seite 28
Übung 2: Dreieckspose	Seite 32
Übung 3: Vierbeiner	Seite 35
Übung 4: Attacke	Seite 36
Übung 5: Drehstand	Seite 39
Übung 6: Brustatmung	Seite 42
Übung 7: Leeren des Atems	Seite 44
Übung 8: Morgenmeditation	Seite 46

Kurzversion für eilige Tage

Sonnengruß	Seite 48

Ratschlag für die Vata-Konstitution — **Seite 52**

Übung 1: Palmenhaltung	Seite 28
Übung 2: Dreieckspose	Seite 32
Beugen der Wirbelsäule nach vorn	Seite 52

Ratschlag für die Pitta-Konstitution — **Seite 53**

Übung 2: Dreieckspose	Seite 32
Übung 3: Vierbeiner	Seite 35
Übung 7: Leeren des Atems	Seite 44
Übung 8: Morgenmeditation	Seite 46

Ratschlag für die Kapha-Konstitution — **Seite 53**

Übung 6: Brustatmung	Seite 42
Übung 7: Leeren des Atems	Seite 44

Das Tagesprogramm

Übung 1: Strecken	Seite 54
Übung 2: Seitliches Beugen	Seite 56
Übung 3: Knie-Stirn-Haltung	Seite 58
Übung 4: Tapferkeitshaltung	Seite 59
Übung 5: Drehsitz	Seite 60

Ratschlag für die Vata-Konstitution — **Seite 62**

Nase-Knie-Haltung	Seite 62

Ratschlag für die Pitta-Konstitution — **Seite 63**

Waage	Seite 63

Ratschlag für die Kapha-Konstitution — **Seite 64**

Heldenpose	Seite 64

Das Abendprogramm

Übung 1: Ausklinken im Keil	Seite 66
Übung 2: Kuhgesicht	Seite 68
Übung 3: Berg	Seite 70
Übung 4: Zeichen	Seite 72
Übung 5: Schlangenhaltung	Seite 74
Übung 6: Winde	Seite 76
Übung 7: Kerze	Seite 78
Übung 8: Engel	Seite 80
Übung 9: Sonne-und-Mond-Atmung	Seite 81
Übung 10: Abendmeditation	Seite 84

Ratschlag für die Vata-Konstitution — **Seite 86**

Übung 1: Keil	Seite 66
Übung 4: Zeichen	Seite 72
Übung 5: Schlangenhaltung	Seite 74
Übung 8: Engel	Seite 80
Übung 9: Sonnen-Atmung	Seite 81
Übung 10: Abendmeditation	Seite 84
Bauchatmung	Seite 86

Ratschlag für die Pitta-Konstitution — **Seite 88**

Übung 1: Keil	Seite 66
Übung 2: Kuhgesicht	Seite 68
Übung 4: Zeichen	Seite 72
Übung 7: Kerze	Seite 78
Übung 9: Mond-Atmung	Seite 81
Löwenhaltung	Seite 88

Ratschlag für die Kapha-Konstitution — **Seite 90**

Übung 2: Kuhgesicht	Seite 68
Übung 3: Berg	Seite 70
Übung 5: Schlangenhaltung	Seite 74
Übung 6: Winde	Seite 76
Übung 7: Kerze	Seite 78
Übung 9: Sonne-und-Mond-Atmung	Seite 81
Lokomotive	Seite 90

Schonende Trainingsprogramme

Hans H. Rhyner
Richtig Yoga
Theorie, meditative und kurative Asanas, Lebenskraft durch Yoga-Atmung, Yoga-Hygiene und -Diät, Aufbau und Durchführung von Übungsprogrammen, Yoga-Therapie.

Antje Materna /
Rimbert Westerkamp
**Bandscheibentraining
mit dem Physioball**
Anatomie und Physiologie der Wirbelsäule sowie der Muskulatur; Dehnen, Kräftigen, Mobilisieren: Übungen mit dem Physioball, Übungen für Kinder, Partnerübungen, Tipps für den Arbeitsplatz.

Heike Höfler
**Beckenbodengymnastik
für Sie und Ihn**
Für Frauen und Männer aller Altersgruppen: Übungsprogramme zur Kräftigung der Beckenbodenmuskulatur bei Rückenbeschwerden, bei Haltungsproblemen, zur Steigerung der sexuellen Empfindungsfähigkeit, nach Operationen und vieles mehr.

Helmut Reichardt
**Schongymnastik
bei Rückenbeschwerden**
Gezielte Dehn- und Kräftigungsübungen, die Wirbelsäulenbeschwerden und muskuläre Ungleichgewichte kurieren; leicht nachvollziehbare Trainingsprogramme, die ohne Hilfsmittel allein durchgeführt werden können.

Dieter Beh
Atemgymnastik
Richtig atmen – richtig entspannen – gesund bleiben: Grundlagen und Übungen zur Körperwahrnehmung, Aufbau und Funktion der Atemorgane, praktische Übungsprogramme zur Atemgymnastik.

Dirk Engel-Korus
Die neue Knieschule
Wirkungsvolle Trainingsprogramme für verschiedene Zielgruppen: Kräftigungsübungen, Lockerungsübungen, Dehnübungen.

Heike Höfler
Die Nackenschule
Übungsprogramme zur Kräftigung von Kopf-, Hals- und Schultermuskulatur und zur Linderung bereits bestehender Beschwerden.